智能转型

从锈带到智带的经济奇迹

[美] 安东尼·范·阿格塔米尔
弗雷德·巴克 ◎著　徐一洲◎译

Antoine van Agtamael
Fred Bakker

中信出版集团·北京

图书在版编目（CIP）数据

智能转型：从锈带到智带的经济奇迹 /（美）安东尼·范·阿格塔米尔，（美）弗雷德·巴克著；徐一洲译. -- 北京：中信出版社，2017.4

书名原文：The Smartest Places On Earth

ISBN 978-7-5086-5609-0

I. ①智… II. ①安… ②弗… ③徐… III. ①制造工业－研究－世界 IV. ①F416.4

中国版本图书馆CIP数据核字（2017）第045297号

智能转型：从锈带到智带的经济奇迹

著　　者：[美]安东尼·范·阿格塔米尔　[美]弗雷德·巴克
译　　者：徐一洲
出版发行：中信出版集团股份有限公司
（北京市朝阳区惠新东街甲4号富盛大厦2座　邮编　100029）
承 印 者：北京鹏润伟业印刷有限公司

开　　本：880mm×1230mm　1/32
印　　张：10
字　　数：185千字
版　　次：2017年4月第1版
印　　次：2017年4月第1次印刷
京权图字：01-2016-7852
广告经营许可证：京朝工商广字第8087号
书　　号：ISBN 978-7-5086-5609-0
定　　价：58.00元

这是一场引人入胜的欧美城市巡礼。昔日的传统制造业中心如今正在重塑自我，转变为创新中心。如果你想了解在地方层面如何实现经济转型，那么这是一部必读之作。

《金融之王》作者利雅卡特·艾哈迈德（Liaquat Ahamed）

本书凭借极为深入的研究，对发达国家正处于相对衰落这一传统观点发起了挑战。书中论证理据充分，内容条理清晰。

耶鲁大学首席投资官大卫·F.斯文森（David F. Swensen）

在介绍美国和世界经济各种大好趋势的著作中，本书是最具智慧的一本。

布鲁金斯学会主席斯特罗布·塔尔博特（Strobe Talbott）

大开眼界……权威人士不断向我们灌输这样的想法，未来不属于老牌资本主义国家，而是属于以亚洲国家为主的新兴大国。凡因此番言论灰心丧气者，均会因本书而重振精神。

《华盛顿邮报》前主编、作家罗伯特·G.凯泽（Robert G. Kaiser）

颠覆了关于全球经济运作方式和未来繁荣所在的传统观念。

布鲁金斯学会世纪学者、《大都市革命》合著者布鲁斯·卡茨（Bruce Katz）

见解深刻，令人叹服，剖析了企业和社区如何涅槃，走上硅谷之路。

波士顿咨询公司（BCG）高级合伙人哈罗德·L.西尔金（Harold L. Sirkin）

献给我的孙女维多利亚，
她将在本书所述的世界中长大
——安东尼·范·阿格塔米尔

献给弗朗西丝、萨姆和吉姆
——弗雷德·巴克

目　录

THE SMARTEST PLACES ON EARTH

第二章 关键人物推动的变革
芯片与传感器的密集创新

第三章 制造业的重生
新材料开发，一段精彩绝伦的故事

第四章 蓝领和白大褂
医疗设备产业和生命科学产业的跨界合作

智带欢迎你

逆转全球化的力量

昔日的锈带地区如今已获新生，正为美国和欧洲注入新的竞争力。本书的两位作者将围绕这一主题，从截然不同的角度为我们娓娓道来。

安东尼就此话题听取了各方意见，在与众人交流的过程中形成了自己的看法，与联发科（Mediatek）首席财务官顾大为的谈话即为一例。时值2012年春，安东尼刚刚离开由他一手创建、持资数十亿美元的投资公司。卸下管理重任后，他开启了一段亚洲之旅。旅途中，安东尼与诸多政要和企业高管探讨了他们遇到的挑战。在全球市场中，亚洲在过去的许多年里曾经占尽竞争优势，但现在，这种优势受到了威胁。联发科是智能手机芯片设计领域的龙头企业，身为联发科首席财务官，顾大为既有高科技加工业背景，又兼具国际金融业从业经验。他带安东尼参观了公司在新竹的工厂。当安东尼问及全球市场的情况时，他答道："你也知道，我们如今要再次面对美国更加强劲的竞争了。"安东尼让他说得更具体些，究竟是什么样的竞争？来自何处的竞争？于是，拥有伊利诺伊大学MBA（工商管理硕士）学位又十分了解美国市场的顾大为当即提到了总部设在圣迭戈（美国）的科技巨头高通公司（Qualcomm）。他以高通作为威胁的具体例子，解释道："它的研发部门非常先进，远远领先我们。"安东尼看得出来，顾大卫着实在为这样的处境感到担忧。顾大卫表示："它很可能会对我们构成威胁。"说罢，他便换了个话题。安东尼曾于1981年任职国际金融公司（International Finance Corporation，世界银行集团面向私营部门的附属机构）期间提出了"新兴市场"这一概念，他职业生涯的大部分时间都在关注亚洲，但至少有20多年了，他从没听过有任何亚洲商人抱怨受到美国竞争者的威胁。联发科只是反常现象？还是说这是大趋势的早期信号？难道说发达国家在设计与制造领域已取得了一定的优势，足以令亚洲的低成本生产商忧心忡忡？

就弗雷德而言，他关于上述问题的见解同样源于旅途中的见闻。弗雷德刚刚从荷兰财经大报《金融日报》（*Het Financieele Dagblad*）的主编岗位退休，旋即开启了"迷雾四国”（墨西哥、印度尼西亚、韩国、土耳其）之旅。旅途期间，他与商人、政治家、研究人员、企业家等各色人物畅谈，探讨全球商业的走向。弗雷德听到的意见与顾大为所言颇为相似。这些人对弗雷德说，过去的20年，借着廉价劳动力优势，“迷雾四国”的企业取得了增长，但这种优势正日渐乏力。凭借低廉成本在西方公司面前取得优势，如今再难奏效。低成本优势的好日子已经基本到头了。

此外，弗雷德发现，企业的工作方式也有所转变。2011年，荷兰城市埃因霍温被美国智库智慧社区论坛（Intelligent Community Foru）评选为年度“世界最智能地区”，这让弗雷德想起了几年前与飞利浦前首席执行官柯慈雷（Gerard Kleisterlee，又译为“赫拉德·克莱斯特雷”）的一次谈话。柯慈雷向他解释了这家电气巨头缘何将旗下一度蓬勃发展（堪与美国贝尔实验室齐名）的埃因霍温研究实验室变成了开放式创新园区，让来自不同企业、不同机构的研究者在此合作。想必是这类行动使得埃因霍温作为创新中心而声名远扬，成为地球上最智能的地方?

上述见闻与西方盛行一时的传统观点相左。举例来说，就在几年前，在荷兰的一次会议上，著名建筑师、敏锐的全球商业观察家雷姆·库哈斯（Rem Koolhaas）曾向与会者出示过一幅世界地图，可谓一石激起千层浪。在这张重构的世界地图上，业已衰退的美国位于世界的边缘，占据中心的则是新兴国家。彼时，经常会听到金融分析师哀叹说，欧洲很快就要沦为“世界的博物馆”了。

两人的旅行眼下均已告一段落。安东尼返回了华盛顿的住所，弗雷德也回到了阿姆斯特丹的家中。在一路见闻的驱使下，两人以各自的方式就这些想法进行了深入的探索。是否存在这样一种可能：一种基于先进的研发部门的新制造业模式正为发达国家带来某种新生？对发展中国家来说，廉价劳动力真的已经优势不再？创新与产品开发过程是否迎来了新的春天？

为了进一步了解情况，弗雷德踏上了新的旅程，此行主要在欧洲。旅途中最吸引他的是从几位首席技术官那里听到的有关研发过程的内容。他们对弗雷德说，他们正在逐步开展多方合作，合作对象往往是大学，甚至还有政府机构。之所以要合作，一是因为他们的公司再也无法独力承担研究成本，二是因为他们需要一些公司内部没有或不愿营建的特定领域的专业知识。安东尼也已经重新上路，考察各地的研究实验室和工厂，（鉴于工作期间曾常年穿梭于亚洲和拉丁美洲）此次行程主要在美国。他对旅途中所见的变化尤感兴趣，特别是科研在创造产品的过程中扮演的新角色，以及生产中采用的先进生产方式，例如机器人和3D打印。

2013年1月，当时我们正在就各自的想法展开独立研究，我们二人经一位共同的朋友引见而相识，在Skype（网络电话）上聊过之后便见了面，一连数日，相谈甚欢。尽管我们两人都曾相信（并且依然相信）全球经济的重心正转向新兴市场，但我们也一致认为，欧美企业在采取多年守势之后，它们的竞争力正在再次崛起。究竟如何崛起，为何崛起，我们尚不完全确定，但我们有一个理论：过去数十年间，我们近乎痴迷于制造尽可能廉价的产品，而接下来的数十年间，我们注重的将是制造尽可能智能的产品。未来的核心竞争优势是智能创新，而非廉价劳动力。苹果和谷歌等科技巨头已经证明了这一点。

我们的想法在不断地演进。弗雷德写过一篇文章，分析了他所了解的埃因霍温。安东尼将这篇文章给布鲁金斯学会都市政策项目的布鲁斯·卡茨（Bruce Katz）看过后，布鲁斯决定和弗雷德共赴埃因霍温，一探究竟。埃因霍温一行虽让布鲁斯感触颇深，但并非完全出乎意料。他认为，埃因霍温自有独到之处，例如供应链的革命性发展。美国也有类似的地方，如奥尔巴尼、纽约、俄亥俄州的阿克伦等。

证据越积越多。通用电气在美国选址新建了一座工厂，放在10年前，新厂的选址一般会在劳动力成本低的地区。[1] 此外，这并非一座普通的工厂，而是用于生产下一代航空发动机的工厂，这是通用电气的核心业务。此例足以使人相信，美国的大公司正将它们最重要的制造业务迁回本土。尤为引人注意的是新设施的确切位置：一个名为贝茨维尔（Batesville）的密西西比小镇。为什么会选择那里？根据通用电气首席执行官杰夫·伊梅尔特（Jeffrey Immelt）的说法，因为贝茨维尔紧邻密西西比州立大学，在制造下一代超轻、超静音、超节能航空发动机所需的新材料方面，该校研究人员已经积累了大量知识。标志性跨国公司与名气不大的教育机构的此番合作取得了颇为喜人的成果。伊梅尔特信誓旦旦地宣称，将继续在其他尖端研究的温床附近选址，兴建更多的生产基地。

如果连通用电气这种世界上管理体系最专业的企业都将研发生产活动迁到了美国腹地，我们就不得不加以注意了。无论是贝茨维尔还是埃因霍温，都不太可能跻身世界上最成功的创新中心之列，这份榜单的榜首长期被智力资源惊人集中的加利福尼亚州硅谷和马萨诸塞州剑桥霸占。它们也无法像德国的斯图加特一样，被视为先进制造业的中心。但我们感觉，这些城市最终可能会榜上有名，而且很快就会上榜。我们还意识到，这些城市正引领着一股极其重要的风潮，这股风潮正兴起于与之相似的欧美城市和地区：这种地方在美国被称为“锈带”，这些昔日的工业重镇曾因离岸生产遭受重创，陷入衰退，但如今，它们正卷土重来，势头更胜以往。虽然欧洲人并不熟悉“锈带”一词，但这些地区的经历是相似的。这些地区正在自我改造，由失败者转变为创新中心和智能制造业中心，我们将其称为“智带”。

我们深知自己的理论还有待检验，为此我们需要更多的数据。于是，我们决定开展更多的实地考察，这一次我们要一同前往，旅程从纽约州哈得孙河谷（Hudson Valley）的奥尔巴尼和俄亥俄州的阿克伦开始。一路所见让我们激动不已。我们既看到了正在通力合作的智带工作团队，也看到了智带正在采用的新技术和新制造方法，还看到了智带正在创造的高附加值智能产品。各类活动正为城市和整个地区重新注入活力。

此行最终变为历时两年的长途旅行，其间我们在美欧两地一共寻访了10个地方。在欧洲，我们去了德国的德累斯顿、荷兰的埃因霍温、瑞典的隆德–马尔默、芬兰的奥卢以及瑞士的苏黎世。在布鲁斯·卡茨及其布鲁金斯学会同事的帮助下，我们在美国一路走访了五个地区：除了阿克伦和奥尔巴尼，我们还前往了明尼苏达州的明尼阿波利斯、俄勒冈州的波特兰，以及北卡罗来纳州的罗利–达勒姆。此外，我们还采访了许多其他地区的领导人，与世界各地来自不同学科、担任不同职务的人进行了无数次谈话，尽职尽责地做了调查研究——翻阅文献、核查材料、挖掘相关数据。

我们意识到，以大学为核心的智力中心还有很多，其中有些是昔日的锈带，有些则未曾植根于工业；有些已广为人知，有些才崭露头角。在美国，得克萨斯州的奥斯汀是最具发展潜力的新兴智带（信息技术、生物技术），虽然这里并没有工业背景。从20世纪90年代起，奥斯汀围绕着得州大学以及IBM（国际商用机器有限公司）、戴尔（Dell）、甲骨文（Oracle）等企业形成了名为“硅山”（Silicon Hills）的高科技区，现在这里至少有15家企业孵化器。[2] 其他智带的例子还包括得克萨斯州的休斯敦（能源）、佛罗里达州的棕榈湾（航空航天）和盖恩斯维尔（生命科学），以及科罗拉多州的博尔德（航空航天和生命科学）。在欧洲，我们也看到了同样的现象，这些地方有：英国的剑桥，瑞典的斯德哥尔摩和哥德堡，德国的柏林和慕尼黑–斯图加特地区，法国的巴黎、格勒诺布尔和图卢兹，以及奥地利的格拉茨。美国和欧洲之外的地方有：韩国的首尔、新加坡、中国台湾的新竹、以色列的特拉维夫。

我们两人一位是经济学家，一位是记者，于我们而言，探索和创造的过程是一种奇妙的经历，我们穿梭于世界各地，试着了解正在发生的事情，逐步积累证据，不断打磨自己的观点。我们走访了大学和社区学院、大型企业和小型创业公司、实验室和工厂，与各色人等交谈：有西装革履的企业高管，也有穿着牛仔裤的创业者；有无尘室里的研究人员，也有阁楼里的匠人；有科技园的管理者，也有州议会大厦里的政府官员。他们为我们讲述了怎样进行创新，如何创造产品，其中涉及集体合作、开放式信息交流、产学合作、多学科项目，以及由一系列重要成员组成的生态系统，所有元素都在紧密配合，共同发挥作用。人们耳熟能详的创新模式——一位天才或两三极客（geek）在车库里搞发明——已经不再适应这个时代，现在新产品的开发过程纷繁复杂、成本高昂，需要多个学科的参与。智带采用的方式远远超出我们以往所见的合资或是基于项目的临时合约。我们将这种方式称为“智力共享”。

表　世界智带分布情况

国家	地区	名称/地点	关注点	大学/研究机构/医院
美国知名				
加利福尼亚州	西部	硅谷	信息技术、生物科学、电动汽车、下一代可弯曲可穿戴设备	斯坦福大学、加州大学、加州理工学院
马萨诸塞州	东部	剑桥和128号公路	生物科学、机器人	麻省理工学院、哈佛大学
得克萨斯州	南部	奥斯汀（硅山）	计算机、新材料、生物科学	得州大学
本书重点				
北卡罗来纳州	东南部	达勒姆–罗利–教堂山（三角研究园）	生物科学、新材料、能源（LED）	杜克大学、北卡罗来纳大学、北卡罗来纳州立大学
纽约州	东部	奥尔巴尼（哈得孙科技谷）	半导体	纽约州立大学、伦斯勒理工学院
俄亥俄州	中西部	阿克伦	新材料、高分子	阿克伦大学、肯特州立大学
明尼苏达州	中西部	明尼阿波利斯–圣保罗	医疗设备、生物科学	明尼苏达大学
俄勒冈州	西部	波特兰（硅林）	生物科学	俄勒冈健康与科学大学
其他				
宾夕法尼亚州	东部	匹兹堡	机器人、信息技术	卡内基–梅隆大学

（续表）

国家	地区	名称/地点	关注点	大学/研究机构/医院
纽约州	东部	罗切斯特	光子学（与奥尔巴尼相关）	罗切斯特大学、纽约州立大学
纽约州	东部	布法罗（布法罗10亿计划河湾项目）	电池技术、清洁能源	纽约州立大学布法罗分校
纽约州	东部	纽约（硅巷）/新泽西州	信息技术、数字媒体、电信、生物技术	康奈尔大学
俄亥俄州	中西部	哥伦布	生物科学、农业综合经营	俄亥俄州立大学、巴特尔纪念研究所
俄亥俄州	中西部	代顿	航空航天、射频干扰、新材料、传感器	代顿大学、国家航空与航天情报中心、凯特琳大学
密歇根州	中西部	安阿伯	生物科学、电子、工程	密歇根大学
密歇根州	中西部	底特律–奥克兰县（自动化巷）	自动化、汽车	韦恩州立大学
伊利诺伊州	中西部	芝加哥（黄金走廊）	材料、信息技术、工程、生物技术	北伊利诺伊大学
堪萨斯州	中西部	威奇托	航空航天、重型机械	威奇托州立大学

（续表）

国家	地区	名称/地点	关注点	大学/研究机构/医院
密苏里州	中西部	圣路易斯（Cortex、密苏里研究园）	生物科学、农业技术	华盛顿大学、密苏里大学
明尼苏达州	中西部	罗切斯特	生命科学	梅奥诊所、明尼苏达大学
印第安纳州	中西部	印第安纳波利斯	生物技术	印第安纳生物科学研究所
华盛顿州	西部	西雅图	航空航天、汽车、信息技术、零售、生物技术	华盛顿大学
爱达荷州	西部	博伊西（博伊西谷）	信息技术、工程	爱达荷大学、爱达荷州立大学
无锈带背景				
犹他州	西部	盐湖城–奥格登–普罗沃（硅坡）	信息技术、生命科学、汽车	杨百翰大学
科罗拉多州	西部	博尔德–丹佛（丹佛科技中心）	航空航天、生命科学、能源	科罗拉多大学、国家可再生能源实验室的国家风能技术中心、国家海洋和大气管理局
亚利桑那州	西部	图森（光谷）	信息技术、光学、航空航天、生物科学	亚利桑那大学

（续表）

国家	地区	名称/地点	关注点	大学/研究机构/医院
加利福尼亚州	西部	圣迭戈和科技海岸	国防、生物技术、纳米技术、无线技术	加州大学
加利福尼亚州	西部	洛杉矶都会区	生物科学、航空、娱乐、国防	加州大学洛杉矶分校
得克萨斯州	南部	休斯敦	能源、生物科学	莱斯大学、休斯敦大学、得州南方大学、得克萨斯医疗中心
南卡罗来纳州	南部	格林维尔	汽车	
佛罗里达州	南部	棕榈湾	航空电子	
佛罗里达州	南部	盖恩斯维尔	生命科学	佛罗里达大学、尚兹医院、退伍军人医疗中心
亚拉巴马州	南部	亨茨维尔（卡明斯研究园）	航空航天	亚拉巴马大学、亨茨维尔医院系统、国家航空航天局太空飞行中心
密西西比州	南部	贝茨维尔	航空航天	密西西比州立大学
田纳西州	南部	诺克斯维尔	复合材料及加工工艺	橡树岭国家实验室、田纳西大学

（续表）

国家	地区	名称/地点	关注点	大学/研究机构/医院
哥伦比亚特区	东部	华盛顿（杜勒斯科技走廊）	国防、国土安全、生物技术	约翰·霍普金斯大学、马里兰大学、乔治·华盛顿大学
加拿大和墨西哥				
加拿大		滑铁卢–基奇纳	无线技术、生物科学	滑铁卢大学、劳里埃大学
加拿大		安大略	航空航天	多伦多大学、瑞尔森大学、约克大学、百年纪念学院
墨西哥		蒙特雷	生物技术、机电一体化、纳米技术	蒙特雷科技大学
本书涉及的欧洲北部国家				
荷兰		埃因霍温（高科技园区）	半导体、新材料	埃因霍温理工大学
瑞典		隆德–马尔默（易得用科技园）	生命科学、新材料	隆德大学
芬兰		奥卢（技术城）	医疗器械、无线技术	奥卢大学
德国		德累斯顿（萨克森硅谷）	半导体	马克斯·普朗克研究所

（续表）

国家	地区	名称/地点	关注点	大学/研究机构/医院
瑞士		苏黎世	生命科学	苏黎世联邦理工学院
其他				
英国		剑桥（硅沼）	生物科学、工程	剑桥大学
英国		牛津（科技园）	生物科学、信息技术、清洁技术	牛津大学
德国		慕尼黑–卡尔斯鲁厄–斯图加特–海德堡（伊萨尔谷）	汽车、机器人、生物科学	弗劳恩霍夫协会、斯图加特大学、海德堡大学、卡尔斯鲁厄理工学院
德国		柏林（硅巷）	信息技术	柏林工业大学、柏林洪堡大学、柏林自由大学
德国		亚琛（能源研究中心）	清洁能源	亚琛工业大学
德国		凯泽斯劳滕（硅林）	信息技术	凯泽斯劳滕大学
荷兰		代尔夫特（科技城创新园）	清洁技术、3D打印、信息技术	代尔夫特大学
荷兰		恩斯赫德（特温特知识园）	新材料	特温特大学、萨克逊大学

（续表）

国家	地区	名称/地点	关注点	大学/研究机构/医院
荷兰		瓦赫宁恩	农业生物	瓦赫宁恩大学
荷兰		海尔伦（艾万迪斯欧洲科学和生物医药园）	新材料	南方应用科学大学
荷兰		莱顿（生物科学园）	生物科学	莱顿大学
瑞典		斯德哥尔摩（希斯塔）	信息技术、机器人	斯德哥尔摩大学
丹麦		哥本哈根（科学城）	生物科学、清洁技术	哥本哈根大学、哥本哈根城市大学学院
法国		格勒诺布尔（Giant Campus）	纳米技术、生物科学、清洁技术	格勒诺布尔国立综合理工学院、国家信息及自动化研究所（INRIA）
法国		图卢兹（航空航天谷）	航空航天、农业生物	图卢兹大学、波尔多大学
以色列		特拉维夫（硅溪，Kiryat Atidim高新区）	信息技术、生物科学、植物生物科学	特拉维夫大学

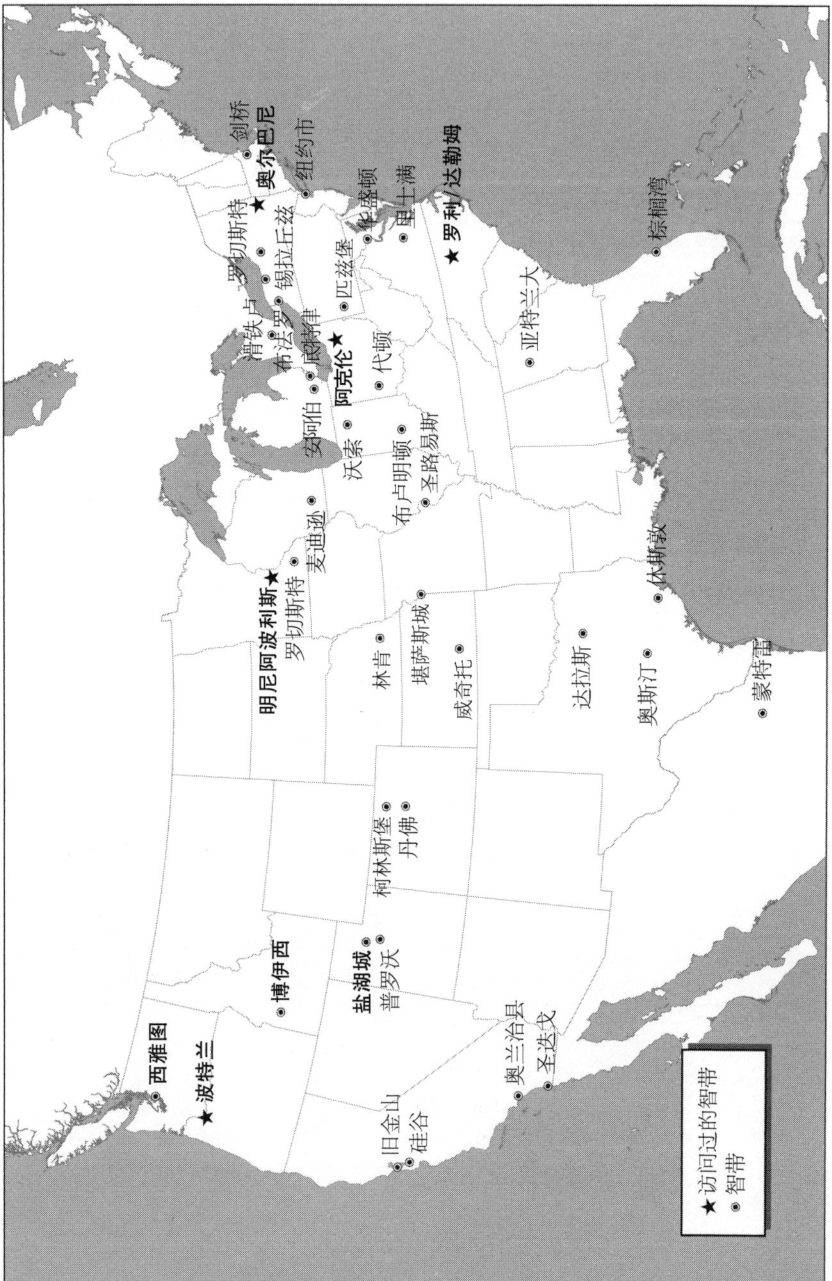
剑桥
奥尔巴尼
纽约市
罗切斯特
锡拉丘兹
华盛顿
里士满
罗利/达勒姆
匹兹堡
滑铁卢
布法罗
底特律
阿克伦
代顿
亚特兰大
棕榈湾
安阿伯
沃索
布卢明顿
圣路易斯
麦迪逊
明尼阿波利斯
罗切斯特
林肯
堪萨斯城
威奇托
休斯敦
达拉斯
奥斯汀
蒙特雷
柯林斯堡
丹佛
盐湖城
普罗沃
博伊西
西雅图
波特兰
旧金山
硅谷
奥兰治县
圣迭戈
★访问过的智带
智带

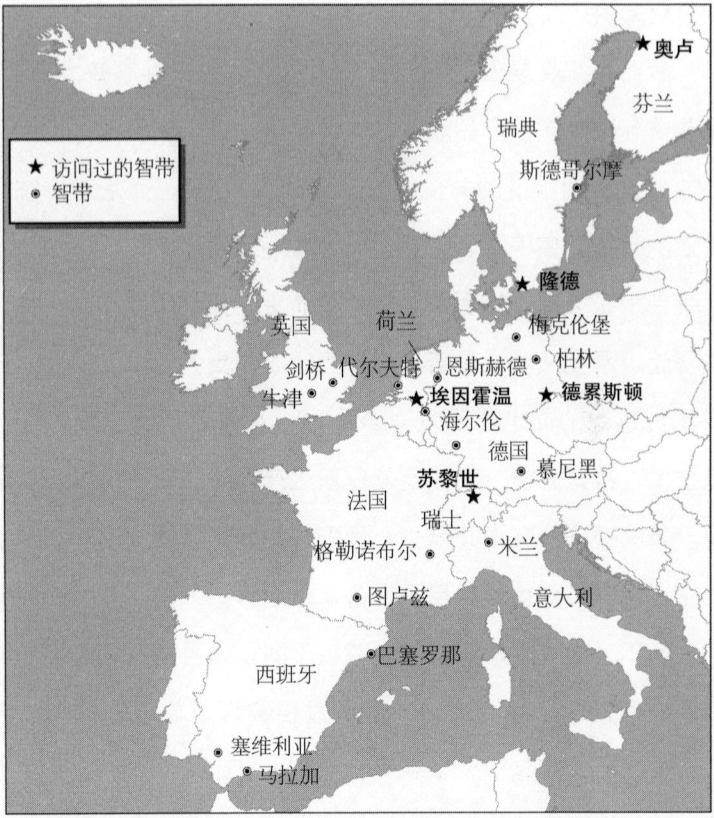

走访的地方越多，情况越明朗，我们确实在见证一种全新的现象，智力共享正兴起于十分冷门的地方，这些地方正在变为创新的热点地区。其中大部分城市和地区都曾在 20 世纪八九十年代的生产外包风潮中遭受重创，但随后它们又想出了新的方法，重新燃起了雄心壮志。它们正在通过智力共享实现的事情恰恰是亚洲和“迷雾四国”的竞争对手所担忧的：创造复杂的智能产品，这些产品让渡的价值远超过时的低成本模式

创造出来的产品。

然而，智带要做的不仅仅是通过合作关系共享智力资源，还要实际地制造出产品。我们在贝茨维尔、埃因霍温等地所见的并非记者们常说的向传统制造业的“回归”，而是对传统制造业的再造。曾有一段时间，研发被企业搁置在次要位置上，此举带来了灾难性的后果。不过，随着企业将研发和制造结合在一起，研发又获得了新生，并且比以往更为智能。随后，低成本传感器的面世让研发有可能进一步整合所有元素——信息技术、数据分析、无线通信、新生产方法、新材料以及新发现。新的经济分支由此诞生，旋即开始蓬勃发展。这些智带中的企业既不打算重新启用旧设备，也无意把下岗工人聘回装配线。绝不！这些生产设施已经截然不同，如通用在贝茨维尔的工厂：智能、干净、灵活，生产过程实现了机电一体化。在工厂中工作的都是一个个专家和专业人员团队，有的人受过高级技能培训，有的人有博士学位，没错，还有些是接受过再培训的原流水线工人。这里出产的产品具有创新性、互联性、定制化、高品质等特点，既有喷气发动机这样复杂的产品，也有运动鞋这样看似简单的产品。这绝不是那种老掉牙的制造业——一会儿靠人工，一会儿用机器，反复交替，最终做出产品——而是智能制造业：在熟练的技术工人和掌握智能技术的专业人士的创造性互动间制造出智能产品。

因此，正是智力共享和智能制造的结合扭转了全球竞争的形势，让顾大为这样的人忧心忡忡，摇头叹息。**廉价正让位于智能**。新兴经济体的低成本制造商并无现成的应对之道，因为只有北美、北欧这样的“旧”经济体才具备现成的智带必备要素：具备深厚专业知识的研究机构、教育机构；政府对基础研究的扶持；诱人的工作、生活环境；资本；还有最重要的一点，充满信任、允许自由思考的氛围，这种氛围可以激发奇思异想，可以接受失败，将其视为创新的一部分。而亚洲和“迷雾四国”却不同，那里盛行的是等级森严与严苛管理桎梏下的思维。

这并不是说智力共享和智带的发展在欧美两地就看起来完全一样。事实上，在基础设施、历史和文化方面，两者存在根本上的差异。美国是一个拥有庞大国防预算的世界强国，其中有一部分预算通过美国国防高级研究计划局（DARPA）、美国国家航空航天局（NASA）等机构划拨给了研发项目。许多创新——包括互联网、无人机和无人驾驶汽车——都脱胎于国防高级研究计划局和国家航空航天局的项目。不仅如此，美国国立卫生研究院（NIH）也凭其资助的项目在基础医疗研究领域产生了重大影响。

美国还有许多创新是由创业公司主导的。这些企业由风险投资家提供资助，由私人持有。待到成长壮大、足够成功时，这些公司就会公开募股，或是被业内规模较大的知名龙头企业收购。

欧洲没有共同的国防预算。有些国家会开展战斗机和海军舰艇的研究工作，如法国和瑞典。但欧洲市场分散，国家预算占国内生产总值（GDP）的比例比美国小得多。欧洲一直生活在美国的安全保护伞下，因此高科技创新无法从军方那里得到大量支持。欧洲既没有欧盟范围内协调一致的医疗研究预算，也没有美国那样数目惊人的创业活动，不过这种情况正在慢慢改变。驱动欧洲创新的是国家级研究机构和资助机构，前者包括德国弗劳恩霍夫协会（Fraunhofer）、荷兰应用科学研究组织（TNO）、瑞士联邦材料科学和技术研究所（EMPA）等，后者有瑞典创新局（VINNOVA）、芬兰国家技术创新局（Tekes，隶属芬兰就业与经济部）。美国对此类组织机构还很陌生。然而，在合作时代，欧洲通过要求共同资助项目，创造性地利用了这种分裂局面。两种情况各有利弊，各种因素都在影响昔日锈带向智带转型的方式。

其中有些根本上的差异影响着我们的观点。安东尼在荷兰长大，不过自1968年以来，他基本生活在美国；弗雷德则在荷兰生活了一辈子，不过他也曾广泛游历，足迹遍及世界各地。我们智力共享的成果就是这本书，书中我们讲述了旅行中的见闻，也给出了我们研究的结果。我们认为，这些智带可以作为模型为其他地区提供借鉴，既有基本原理，又有具体实践。那些想要在全球竞争中取得优势的城市和地区，可以结合自身特点和有利条件对此加以利用。除此之外，随着对这一模型有了更好的理解，对其中的过程有了更明确的界定，那些处于衰退的地区将更快地获得新生，成为市场和行业内的创新成员。

因此，本书的核心思想是非常积极的：美国和欧洲北部等经济体正在恢复自己的竞争优势。它们不仅在重塑制造业，创造新的就业机会，振兴地区，还在开发新的产品和技术（这或许是最重要的一点）。这些产品和技术将改变我们日常生活的方方面面：车辆和运输、住房和城市、农业和食品生产、医疗设备和卫生保健。西方国家将重拾在服装鞋帽等日常用品生产领域的竞争力，这些产品穿起来更合身、看上去更好看、用起来更舒服、功能更多样、更有利于可持续发展，同时，它们的制造成本不会上涨，价格也不会更高。

最终，这种新模式所做的不仅仅是重振西方企业。没错，一段时间内，智力共享加上智能制造将让竞争优势重新转向发达国家，而发展中国家将要奋力缩小创新差距。但从长远来看，它会造福全世界，因为智能产品会帮助我们解决影响所有人的大问题。

有了这种创造智能产品的新方法，欧洲将免于沦为博物馆，美国不会被推到世界地图的边缘，创造21世纪的创新产品也不必是一场零和博弈。虽然硅谷和剑桥等公认的创新中心必将继续蓬勃发展，但未来几年，“地球上最智能的地方”名单将大为不同。

智带欢迎你。

THE
SMARTEST
PLACES
ON
EARTH

第一章

智力共享和智能制造

“锈带”如何转型“智带”

20世纪60年代，我们经历过一场太空竞赛。如今，我们面对的则是一场机器人竞赛。

——丹麦技术研究院

关于智带地区，我们已经听到过很多，读到过很多，诸如贝茨维尔、埃因霍温，如此种种，不一而足。尽管如此，在我们踏上这段旅程时，坦白地说，脑海中仍是关于锈带的刻板印象。我们所期待的，是一睹工业遗址的残垣断壁，是驱车驶过衰败坍圮的街区，是路遇疲于奔命的民众，至于一杯美酒、一顿佳肴带来的愉悦享受，在这里只是奢望。

然而，我们在智带发现的却是智能制造及相关技术，是智力共享，是智带正在创造的产品，还有当地的美食。尽管这里的转型还远未完成，并且转型过程中往往会出现失意者和悬殊的贫富差距，但是我们的所见所闻早已将脑海中的那些印象一扫而空。例如，单是与时任阿克伦大学校长路易斯·普罗恩扎（Luis Proenza）的一席谈话，可能就足以改变我们的想法（然而我们进行过许多场这样的谈话）。普罗恩扎一直致力于推动阿克伦乃至整个俄亥俄州东北部的振兴，力图将其转变为新材料领域的卓越中心。我们和普罗恩扎还有他的外国同事在市中心的一家餐厅里共聚了一餐。市中心地区已然翻修一新，我们会面的餐馆同样装潢入时。在很长一段时间里，俄亥俄州的阿克伦一直是全球轮胎制造业的中心，然而，随着轮胎生产业务迁往国外，这里陷入了衰退。但普罗恩扎却对这片土地、这里的民众、这里的各类机构以及他们正在从事的事业满怀热忱，他看到了这里光明的前景。他自豪地对我们说，如今这里有1000家创业公司，它们雇用的员工，比制造业鼎盛时期的四大轮胎公司还要多。

我们在瑞典探访了隆德（Lund）及其附近的马尔默（Malmö），在20世纪80年代中期这里曾遭受严重打击，当时该地区最大的造船厂倒闭，成为亚洲及其他地区制造商低成本优势的又一受害者。为此，地方官员、企业家和隆德大学走到了一起，在隆德创建了斯堪的纳维亚地区首座科技园——易得用（Ideon）科技园 。与多家制药公司一样，爱立信（Ericsson）也携其研究团队进驻科技园。如今，马尔默和隆德两市的领导定期举行会谈，隆德大学也已经成为推动企业分拆的原动力，这些分拆后的新公司为生命科学产业创造出了大量尖端产品。

我们还走访了北卡罗来纳州的三角研究园（Research Triangle Park）。研究园由达勒姆（Durham）、罗利（Raleigh）、教堂山（Chapel Hill）三座大学城市围绕而成，在美国首开此类研究园先河。三角研究园创建早期获得了极大成功，吸引了170多家公司，为4万多人创造了就业。但他们的工作方式仍遵循着当时的传统，在隐匿于林间的孤立建筑中秘密地开展工作，坚守着自己的想法，学科之间保持泾渭分明的界限。随着新兴经济体的逐步壮大，不可避免的事情发生了，三角研究园的优势变得越来越小。而我们在2013年发现的证据表明，恰恰是在三角研究园附近，智带模式正在振翅腾飞。达勒姆的杜克大学在好彩香烟厂旧址的翻新建筑里设立了孵化器。罗利的北卡罗来纳州立大学百年纪念校园已经成为全新型科研校区。无论是前景看好的创业公司，还是ABB（阿西布朗勃法瑞集团，瑞士—瑞典）、曼集团（Mann，德国）这样的大型企业，均在该校区设有实验室和办事处。它们与高校研究人员合作，围绕新材料、清洁能源、智能电网展开各类项目。年轻的创业者在此随处可见。

智力共享模式

毫无疑问，智带会关注苹果和谷歌、斯坦福大学和麻省理工学院这样的领导者，也会留意硅谷和剑桥这样的标志性创新区，借此寻求灵感和作为模仿对象。但它们的发展却又各自独辟蹊径。从为期两年的研究中我们了解到，包括那些我们造访过的和许多我们未曾踏足的智带在内，所有智带都有以下若干共同特征。

- **接受的挑战错综复杂、成本高昂、涉及多个学科，任何单一的参与者（个人或机构）都不可能独自应对。**孤胆英雄式的创新者已然是过时的概念。
- **由联络者驱动。**联络者可以是个人或团体，他们有远见、有关系、有精力，这些是创立和建设生态系统所需的主要特质。
- **在由诸多参与者构成的合作生态系统中运作，**其核心是研究型大学，通常还包括创业公司、拥有先进的研究部门的成熟企业、地方政府、社区大学或类似的职业院校。医疗保健机构（例如教学医院）往往也是生态系统的一部分。
- **关注一个或少数几个特定的学科或活动。**
- **乐于接受知识交流和专长共享。**为了增进开放性，各机构纷纷打破门户之见。学术界、产业界、公共治理之间的壁垒已被推倒。学科间泾渭分明的界限（例如化学、物理、数学、生物）业已消弭。

- **包含实体中心，例如孵化器、创业空间。**实体中心通常建于现代化工厂或仓储建筑群内部，可以接纳合作者并鼓励协作精神。

- **营造能够吸引人才的环境。**这一区域不仅可以提供源自大学、研究机构及创业公司的既有人才库，还可以提供工作外的诱惑和福利，例如保障性住房、各类咖啡馆和餐馆、优质学校、各种休闲活动。

- **有资金可用。**智带有充裕的资金可用于投资创业公司、衍生公司以及各类设施和孵化器。

- **承认威胁，了解威胁。**以往的企业研究人员并不太担心外部的竞争力量。相反，智带的人们清楚这里曾经的遭遇，认识到他们可能还会再次受到威胁，因而具有强烈的身份认同感、地区荣誉感以及进行持续改进的意识。

生态系统：一个以联络者为纽带的网络

智带不仅仅是诸多实体择一良地怡然共处。每个智带都是由诸多参与者构成的联系紧密的协作生态系统，一般由研究型大学、社区大学、地方政府、拥有先进的研究部门的成熟企业、创业公司等组成，通常还有各类辅助者和供应商为其提供支持，包括风险投资人、律师、设计公司等。这些不同类型的实体彼此共享知识，互相影响，进而形成一个社区，不断壮大、完善。在此过程中，各实体间会建立起独特的同一性。

除了研究型大学，智带生态系统通常还包括一家大公司，即一家全球性企业，例如俄勒冈州波特兰市的英特尔公司。大公司可以为智带提供特殊且不可或缺的要素。因为与创业公司相比，大公司对全球竞争的风吹草动感知更为敏锐。当然，在这方面，大公司更远胜于地方机构和技术、教育机构。因此，智带的人们很清楚，要想取得竞争优势，区域合作往往至关重要。此外，英特尔等大型私企的研究人员深知，仅凭个人兴趣开展研究已无法继续立足，他们在产品开发过程中付出的努力必须换来适销对路的产品。他们不能再同以往一样，安身于资金充裕的研发孤岛，闭门造车，投入到各种令人痴迷但不能为企业创造任何价值的研究课题当中。现在他们将企业盈亏放在首位，研发预算也与以往不同。这些公司明白，企业的研发存在固有的官僚主义和等级制度，在提出突破性理念的过程中往往会受阻，正因如此，他们有必要与缺乏资金的外界成员以及国际性组织合作，以便把新产品推向市场，同时还可以减少学科壁垒和官僚主义问题。像英特尔这样的公司可以提供超高速计算，用以分析大学研究人员创造的新知识；反过来，大学研究人员可以为企业提供独有的海量数据集。

其结果是，那些此前可能在完全孤立中开展工作的大公司开始感到自身与智带地区真真切切地联系在一起。它们为智带的设施和人员投资，进一步增强公司及整个地区的实力。例如，英特尔在波特兰的园区中有该公司“在全世界最大、最全面的生产基地——全球半导体研究与生产中心，这是俄勒冈州的经济支柱。该公司在俄勒冈有近 17 500 名员工，是该州最大的私营雇主”。[1] 在我们的旅途中，我们亲睹了跨国公司对我们所访问的各个智带来说是何等重要。

然而，大公司只是智带生态系统的参与者。智带生态系统一般都会有一位联络者，通常是个人，但有时会是机构。这些联络者有远见，有关系，有决心，有影响力，有外交手腕，有说服力，有精力，这些是促成多个实体间智力共享的主要因素。不同类型的联络者会将智带引向不同的发展道路。个人联络者有时是某位企业家，有时是某位科学家，有时是某位当地政治家或行政人员。无论联络者的背景如何，他们都对所在地区有远景规划，同时能以巨大的魄力来采取行动，将这一远景付诸实现。

以苏黎世为例，这里的联络者是德国凯杰公司（Qiagen）瑞士分公司首席执行官迈克尔·科拉修斯（Michael Collasius）。[2] 苏黎世有多家从事实验室设备的企业，但它们彼此之间并无广泛合作，而且任何一家企业都无法通过独立开展研究而在该领域内脱颖而出，成为实验室设备领域的领导者。随着司法鉴定研究人员希望以更好、更快、更廉价的方式完成DNA（脱氧核糖核酸）相关工作，情况出现了转机。2003年，科拉修斯说服多家企业，联手成立了名为ToolPoint（器点）的研究机构。目前，已有超过30家企业参与到ToolPoint生态系统中，这些公司都集中于实验室设备制造的某一方面（然而它们并不是直接竞争对手）。ToolPoint的主任汉斯·诺泽（Hans Noser）告诉我们："参与者彼此邻近，这提升了它们之间的信任度。"[3]

于是，随着大企业表现出兴趣，联络者将各个团队聚到一起，各个企业携手采取新的行动，一个社区开始形成。人们开始体悟到对于智带的身份认同感和自豪感。他们会以各种方式确定一系列明文规定或心照不宣的价值观和规则。智带的成员依据这些准则生活，因为他们知道，只有携起手来，才能取得成功。

有趣的是，社区的力量往往在某种程度上源于对威胁的承认。以往的企业研究人员并不太担心外部的竞争力量，与此不同，智带的人们清楚这里曾经的遭遇，认识到他们可能还会再次受到威胁。阿克伦、埃因霍温、波特兰以及其他地方的居民犹记得那些过往的美好时光，但也没忘记随之而来的忧愁岁月。随着事态好转，智带开始崛起，它们认为自己可以恢复元气，接受新的挑战。

合作：不同参与者共享脑智力资源

智带成员之所以形成相互关联的生态系统有其特殊的原因：为了应对各种错综复杂、成本高昂的挑战，这些挑战需要跨学科的研究方法，不可能由任何单一的参与者独自应对。这就需要一种深入的合作方式，远远超出我们以往所见的那种合资经营或项目合作。这类合作将来自学术界和企业界（大公司和创业公司）的各种组织和人员聚到一起，有政府机构参与其中，也有其他的参与者，如慈善家、风险投资人、律师事务所、设计工作室、文化机构、孵化器、公私部门的行业组织等。

学术界与商业企业间如此深入的合作是一个相对较新的现象，传统上学者与企业间并无来往。也有一些不容忽视的例外，最引人注目的是贝尔实验室、美国国家航空航天局（NASA）、美国国防部与企业在航空航天领域的合作。但一般来说学者都鄙夷企业家，而商界人士也不信任任何有公私合作之嫌的伙伴关系。

从20世纪70年代开始，这种情况有所改变。在欧洲，瑞士苏黎世联邦理工学院教授查尔斯·魏斯曼（Charles Weissmann）成立了百健艾迪公司（Biogen Idec），该公司是第一家成功的欧洲生物技术公司，如今已是世界第三大生物技术公司，总部位于美国马萨诸塞州剑桥市。而在美国，生物化学家赫伯特·博耶（Herbert Boyer）和风险投资人罗伯特·斯旺森（Robert A. Swanson）共同创立了基因泰克公司（Genentech），该公司致力于基因重组技术领域的工作。这些公司及其他企业为学术界呈现了一种新的模式：严肃的研究人员凭借企业家的直觉与魄力创立营利性企业，这些企业由研究驱动，专注于创造突破性产品。

美国西海岸的研究人员和企业家对东海岸制造业和金融业取得的优势钦羡不已，长期以来一直在伺机一展拳脚。终于，他们找到了突破口。当时，斯坦福大学的研究人员和自20世纪50年代起就开始担当联络者的该校工学院院长弗雷德里克·特曼（Frederick Terman）决定与科技创业者联手，共同开发晶体管、集成电路、微处理器、个人电脑、喷墨打印机以及互联网的前身。[4] 当地企业家拉尔夫·韦尔斯特（Ralph Vaerst）和记者唐纳德·赫夫勒（Don Hoefler）于1971年创造了“硅谷”一词，用以描述旧金山与圣何塞之间的地区。在这片一度果园林立的土地上，硅半导体及诸多基于科研的相关产业逐步占据了主导地位，伴随其成长的还有在背后支撑起众多早期创业公司的风投巨擘。

硅谷的成功表明，由政府资助的科研项目产生的专利不应像以往一样被束之高阁。只要必要的激励措施能落实到位，政府、大学、企业家之间的紧密合作将促进创新理念的商业化。在1980年《拜杜法案》（Bayh-Dole Act）通过后，人们更是将这种理念奉为圭臬。该法案允许研究者和大学从政府资助的研究中获得经济利益，这使得硅谷模式以星火燎原之势传遍美国。

源自瑞士和硅谷的新模式颇费时日才得以站稳脚跟。科学研究始终被视为不容亵渎的，其商业应用则依然被视为对科学与商业间神圣边界的侵犯。然而，绘制人类基因图谱等科学新进展为商业应用带来了新的机遇，学术研究成果的实际应用也随之加速。工程师、计算机科学家、生物学家、化学家、物理学家开始逐步接受创业这一选项，他们的做法通常是专注于某项与其研究相关的活动，例如某种新技术、新药物或新材料。

在欧洲，法律法规的变化迫使各方接受此类合作。例如，1991 年，瑞士政府颁布了一部引起强烈反响的新法，根据新法令的要求，包括联邦理工学院在内的各州立大学必须将研究应用于商业产品的开发中。研究者别无选择，只能寻求新的资金来源，与企业间的承包工程成了主要的资金来源。一个新趋势就此形成。欧洲其他国家的政府也纷纷开始削减由国家资助的教育机构的预算。

在大企业内部，首席技术官是企业与学术界及其他商业组织，特别是创业公司进行合作的推动力量。他们所在的企业千差万别，如壳牌（Shell）、飞利浦（Philips）、阿斯麦（ASML）、福克（Fokker）、荷兰皇家帝斯曼集团（Royal DSM）、施乐（Xerox）等等。这些企业的负责人告诉我们，对他们及其企业来说，与大学和创业公司的合作，特别是在产品开发早期的合作，如今已成常规，甚至是理所当然的。以总部位于海尔伦（Heerlen，荷兰南部城市）的帝斯曼公司为例，该公司是新材料研发领域的翘楚，公司首席技术官马塞尔·维博茨（Marcel Wubbolts）告诉我们，帝斯曼长期以来一直致力于开发一种不依赖化石燃料的能源。他说："仅凭一己之力开发第二代生物燃料，任务太复杂，成本太高。"[5] 帝斯曼与一家名为波伊特（POET）的美国小公司进行合作，于 2014 年初在艾奥瓦州埃米茨堡（Emmetsburg）开设了第一家（使用玉米废料而非玉米）生物燃料工厂。是时，相比于技术研发，该镇的赌场倒是更为知名。[6]

企业选择与外部伙伴进行合作还有另一个原因：及时了解本行业及相近活动领域的最新动态。如今，研究和创新活动数不胜数，无处不在，任何一个机构都不可能了解所有可能与之相关的行业的进展，其中有些进展还可能构成竞争威胁。随着默默无闻的创业公司和小公司数量激增，新技术的出现导致企业的自主研究成果时刻面临着被淘汰的危险。特别是制药企业，它们将此类通过合作进行的行业侦察视为必要之举。这就是为什么美敦力（Medtronic）、诺华（Novartis）和罗氏（Roche）纷纷在隆德、奥卢、苏黎世的科技园区开设办事处的原因。在这些科技园区中，它们可以密切关注数十个潜在的合作伙伴或竞争对手，其目的在于向那些没有足够资源用于测试新药的创业公司投资。反过来，它们也可以接触到小公司特定项目以外的知识与专长。

专注与开放：信任的必要性

在智带生态系统中，不同参与者间要想实现最有效的智力共享，就需要各个实体合理兼顾专注性与开放性。专注意味着它们将精力集中于某一特定学科或特定活动，开放则意味着开诚布公，彼此共享知识与专业技术。

共享并非典型的组织行为。那么对于那些将精力与资源倾注于创造新知识的个人或企业来说，是什么迫使其与他人共享其成果？有一个原因是显而易见的：必要性。共享是完成智带标志性的大型复杂项目的不二法门。相互依存的关系要求合作者彼此开诚布公。另一个原因则不甚明显：当一家企业的关注点高度集中时，其商业活动不会与合作伙伴有明显交集，因此知识共享不太可能会产生竞争威胁。

例如，在波特兰，俄勒冈健康与科学大学（OHSU）与芯片制造商英特尔就展开了合作研究项目，前者是公立的学术机构，而后者是完全营利性的实体，在波特兰地区拥有大量产业。该项目旨在分析俄勒冈健康与科学大学从世界各地收集到的大量癌症相关的病患数据。该校没有能力处理如此规模的“大数据”，也无意于培养这种能力。“大数据”一词是指庞大而复杂的数据集，这些数据通常是由不同来源产生的实时数据，因而不能用人脑或传统数据处理程序进行分析，而需要借助强大的数据处理能力、高级的分析方法、复杂的算法来产出专有的、可用的分析结果。英特尔并没有那种通常用于管理医学研究大数据的超级计算机，但它可以将多台计算机连接在一起，小批量处理俄勒冈健康与科学大学的数据，这种方式足以满足研究的需要。在这一特别的合作关系中，俄勒冈健康与科学大学将其存储的大量病患数据交付英特尔公司，作为回报，英特尔允许俄勒冈健康与科学大学进入其内部专属机房。二者都渴望进行合作，因为双方都需要对方的专长，而且全无陷入竞争之虞。除了上述实际的考量，对波特兰智带的自豪感和身份认同感、对主流价值观和规则的理解也是进行合作的原因。因此，合作的基石是商业的必要性和彼此间的信任。合作双方对于合作的立场非常坚定，毫不担心违约的可能性，以至在正式合约还没有敲定前，项目便已开始，这种情况在大宗技术交易中几乎闻所未闻。

可想而知，智力共享的重要性和开放的必要性已迫使学术机构和商业组织就其组织结构及工作关系进行变革。在阻碍合作与创新方面，两者有共通之处：本质上都有着森严的等级，部门之间各自为政（组织孤岛效应），竭力保护自己的知识产权。我们在智带发现，那些有核心任务的实体，如俄勒冈健康与科学大学和英特尔，非常乐于与其他有所侧重的伙伴和合作者共享知识。此外，它们在产品开发非常早的阶段便开始共享知识，而传统上这一时期它们通常会保持实验室大门紧闭。

创新过程的演变不仅改变了企业和学术机构对待彼此的态度，还促成了学术界内部各机构间合作方式的转变。贝尔实验室资深人士、伦斯勒理工学院现任校长雪莉·安·杰克逊（Shirley Ann Jackson）的说法是："尖端研究现在完全是跨学科的，重大的新发现都出现在学科交叉处。"所以学科间的严格界线——如化学、物理、生物、数学、工程——正在消弭，并且随着新知识的获取，组织壁垒正"慢慢地自然死亡"。[7]随着壁垒的土崩瓦解，合作之花将会日益繁茂。

环境：吸引人才，催生理念

智带是一个由全然不同的实体组成的生态系统，内部各实体相互信任，深谙合作之道。但智带又不仅限于此，它还具有独特的环境，这种环境能如磁铁一般吸引人才和有核心业务的企业，并且能为它们的合作项目提供支持。

这类环境通常具备足以吸引人才的物质条件：科技园区、创业孵化器、公用工作设施、翻新后的工厂中的办公室。这些元素这里都有，有时这些物质条件会集中出现在创新区中。这样的环境可以吸引大量年轻并具有流动性和多样性的人才，诸如研究生、企业家、工程师、企业研究人员、风险投资家、设计师等等。除了工作环境本身，人们选择智带地区还因为这里提供了保障性住房以及工作外的福利和诱惑，从各种咖啡馆、餐厅到优质学校、各种娱乐活动。他们可以在各种非正式的场合中会面、互动，激发彼此的思维。

智带的环境一朝为外界所知，它便会开始迅猛发展——创业公司数量激增，大企业在此分立衍生公司，更多的商业计划被提交到潜在的投资人手中。相对于在硅谷和波士顿开展业务，昔日的锈带地区拥有触手可及的人才和相对低廉的运营成本，因而更具吸引力。于是，当地的跨国公司开始重新对锈带的人才和设施进行投资，甚至设立新单位，开启新的事业。被遗忘的城市中心地区也得到了开发和改善，新商铺纷纷开业，税基增加，本地服务质量也得以提升，服务范围扩大。随着企业取得成功，一些企业会被出售，新的财富由此创造出来，其中一部分财富又被重新投资于当地。随着合作的发展和信任的增进，当地企业开始领悟到，它们正涉身其中的事业有着非凡的意义。

行业领军者、楷模、地方英雄，各色人物纷纷涌现。企业家和研究人员留在当地，承担起各类新角色：导师、教练、投资者、顾问、董事会成员、合作伙伴、老师。有人投资培训项目，建立行业协会，也有人为智带的利益而担任代言人和说客的角色。他们为孵化器提供支持，建立科技园区。以苏黎世为例，当地科技园于1993年开园，如今已有超过300家创业公司在此落户，雇员超过2000人。已在此担任了五年首席执行官的莱斯利·施皮格尔（Lesley Spiegel）告诉我们，她现在大部分时间都用在指导创业者上。她指出，年轻人热情十足，但缺乏管理方面的知识技巧，“我会在他们开展业务的各个阶段与他们互动，向他们建议更好的方法，来吸引人才、与资助者接洽”。[8]

苏醒的睡美人：从沉睡到合作与专注

我们将成功的智带——所有我们走访过的智带都在此列——看作“苏醒的睡美人”。这是因为，正如童话故事里的睡美人一样，她们已经沉睡了许久——她们之所以陷入惰性状态，有的是因为毒咒一样的政策，有的是因为缺乏领导，有的是因为缺乏对状况的分析——并且企业家和投资者已对其失去希望。然而，她们一动不动地躺着并不意味着她们失去了一切，她们自身的优点仍在。那里仍然有精力、有技术、有知识、有人才、有潜力。

随后会出现转机，来唤醒这位沉睡者。在童话故事中，那是王子的吻。而对沉睡的智带来说，情况要稍微复杂些。美人的苏醒通常要等到某个人或某些人达到绝望的临界点，或是有新角色出场。尽管人们早已意识到这片土地正在沉睡，但他们毫无作为，只是希冀会发生什么事情，或许以政府援助的形式出现，或许是发现了某种未知的资源。最终，当人们逐渐清晰地看到不会有任何解决方案凭空出现时，某个联络者会决定由自己出面解决问题，而此时，大家早已做好了响应的准备。联络者将人们聚到一起，包括政治家、企业家、科学家、公司高管等，以明确当地的优势与资源，求得共识，共同订立宏伟的目标。

正如我们前文所述，不同的参与者开始逐渐学着合作，各自活动的关注点更为集中。其合作风格与合作性质赋予了每个智带鲜明的特色。它们依托现有资源——闲置多时的专长——并在此之上进一步拓展和延伸。例如，阿克伦、隆德、埃因霍温具备大量材料相关知识；奥尔巴尼、德累斯顿、埃因霍温有芯片和传感器方面的专长；苏黎世、德累斯顿、罗利主打生物技术和生物制药，波特兰在一定程度上也是如此；而在明尼阿波利斯、奥卢和波特兰，占主导地位的则是医疗设备。

合作逐步发展，随着时间的推移及早期目标的实现，智带成员的自我意识越来越强，力图界定自己的身份及社会地位。随着合作日益普遍，参与者之间逐步加深了解，智带的成员在彼此之间建立起了信任，相信自己有能力接受更复杂、更艰巨的创新挑战。

美人如今不仅已经醒来，而且比巫婆施咒前更加生机勃勃。醒来的美人着意培养起新的能力，特别是适应新环境、将其精力重新倾注于新活动领域的能力。在我们拜访过的智带中，有三个探索智力共享新概念的先驱。就隆德而言，20 世纪

80 年代，爱立信的手提电话正是诞生于此地的易得用科技园中。当爱立信失去市场地位时，隆德也失去了重心。但该地区并未如先前一般再次陷入死寂。相反，隆德做出了调整，斥资 3 亿美元新建了一座粒子加速器，重新聚焦于新材料与制药领域。芬兰的奥卢也有相似的进展，这里的诺基亚也是苹果和三星智能手机成功背后的受害者。但企业家和当地政治家已经依托当地的无线技术专长，重新聚焦于可穿戴医疗设备。

苏醒的美人犹记得那沉睡的岁月，并且更加清醒地意识到可能面临的风险。在规避毒咒方面，她们正越来越游刃有余。

智能制造业与智能工厂如何运作

智带模式不仅涉及新的理念产生过程，它还彻底改变了将理念转化为产品和技术的方式。新的制造方法——尤其是机器人、3D 打印和物联网（下文将一一道来）——使制造全新一代智能产品成为现实。与过去数十年来低成本、准时制的工厂不同，智能制造注重的是定制化、本地化、复杂性和品质。

传统制造业关注的是劳动者个体的生产率，而智能制造业强调的是团队成员间的智力共享。

如下表所列，“智能工厂”的外观与运作方式和传统工厂截然不同，表现在多个方面：设备、组织、流程、指标和心态。智能工厂高度自动化，并且通常是小型工厂。系统操作员、设计师和研究人员在此并肩工作。工厂的运营不再仅限于标准工作时间，而是全天候运营。客户订单、原材料、零部件供应商、生产、交付、维护全部由同一套信息系统掌控；尖端材料得以广泛应用，几乎没有废品废料；严密监控流程的每个部分，缺陷几乎完全被消除。与低成本相比，客户更需要的是量身定制、优良品质、交货快捷以及设计新颖。因此，产品采用定制设计的小批量生产而非大规模量产模式。智能工厂小巧而干净，可以安置于智带创新区的城市中心地带，负责运营工厂的技术人员和工程师乐于在此生活。

表　传统制造业与智能制造业的区别

传统制造业	智能制造业
机械化	自动化和连通性
工人劳动生产率	团队附加价值
效率	学习
外包	智力共享
严格的等级制度	扁平化组织
职位决定权利	知识决定权威性
严格控制	创造力
遵守规则	质疑
指挥与控制	委托与影响

未来智能工厂的转型将受三种关键技术的影响：机器人、3D 打印、物联网。下一代智能、功能多样、移动性强、价格

低廉的机器人将使自动化走进创业公司和小企业，为客户提供前所未有的个性化定制。使用3D打印技术将颠覆我们生产零部件的方式，大大减少浪费，同时带来前所未有的创造力。物联网将会带来一套新的系统，在这套系统中，机器、零部件、产品、生产商、供应商、客户以及几乎每个人和其他一切事物都可以相互通信。其目的不在于创造无止境的闲聊和无用信息，而是要缩短从订单到产品的时间，朝零缺陷、零停工时间迈进，杜绝所有系统浪费。

在我们造访过的各个智带和创新区中，我们有幸得以一瞥新的生产方式：智能、快速、廉价、有个性、有创造力，令人眼花缭乱、叹为观止。

机器人：自动化消灭劳动力成本优势

我们拜会反思机器人公司（Rethink Robotics）总裁斯科特·埃克特（Scott Eckert）时，[9]在位于波士顿的研究实验室里，[10]他向我们介绍了一位员工——巴克斯特（Baxter）。巴克斯特看上去和普通人类差不多，身高5英尺10英寸（1.78米），体重165磅（75公斤），还有类似人类不可或缺的眼睛、胳膊和大脑。当然，巴克斯特并不是人类，而是一台人形机器人，在三个摄像头、一个声呐、多个传感器以及其他技术的帮助下进行工作。巴克斯特能“看到”并“感知”周围的环境，即便物品挪了地方，它也可以找到。它可以抓取、握住、抬起、挪动物品。巴克斯特在工作中充当人类的助手，可以熟练地同时进行多项任务，因为它的两个手臂能分别做完全不同的工作。

巴克斯特不仅功能多样，而且购置费用、运营成本很低，每台售价 22 000 美元，可工作 6500 小时，相当于“时薪” 3 美元。这样的劳动力成本优势使得巴克斯特及同类机器人对小公司极具吸引力，对它们来说，时至今日，使用机器人进行生产还只是梦想。这些企业根本无力承受售价达六位数的机器人及此类机器人所需的大规模基础设施。就机动性、创新性和成本而言，埃克特将传统工业机器人比作大型机，巴克斯特则被比作个人电脑。

反思机器人公司创始人罗德尼·布鲁克斯与索耶和巴克斯特

图片来源：反思机器人公司

巴克斯特的设计者是前麻省理工学院教授、机器人领域的先驱、素有“搞机器人的坏小子”之称的罗德尼·布鲁克斯（Rodney Brooks）。巴克斯特是为智能工厂设计的智能机器人的代表。[11] 已有十余家美国、日本、德国和韩国企业制造出了此类人形机器人，但直到最近，这些机器人基本上还只是用于研究或者军事用途。[12] 由于越来越多的机器人成为工厂的工人，这些人性化的机器人正在改变工厂的概念。

机器人和自动化是智能制造的关键。随着机器人价格逐渐下降而发展中国家工资不断上涨，我们可以以同样的价格在消费者附近就近生产商品，此时再跨越半个地球进行生产就不太明智了。我们问耐克公司的创始人兼董事长菲尔·奈特（Phil Knight）是否可以在高收入国家使用机器人生产鞋，他断然答道“可以”。“实际上，奥运会上大多数的鞋已经采用了这样的生产方式。我可以预见，有一天每个人都可以使用3D设备测量自己的脚，然后完全定制自己的鞋，避免了鞋不合脚给人们带来的麻烦。”[13] 衣服也是如此，从内衣到外衣都是。

巴克斯特证明了：与其先辈相比，这一代人形机器人功能更全、价格更低、更易于使用，也更加智能。这些智能机器人结合了人工智能、传感器以及采用廉价计算能力的大数据分析，它们可以不断地学习，而不是一遍又一遍地重复着同样的任务，它们的“大脑”可以扩展性能。机器人专家估计，机器人目前在工业加工中只表现出了最新一代机器人实际生产能力的 10%，[14] 因此，仍有巨大的潜力等待挖掘。

然而，要发挥这一潜能尚需时日。人形机器人这样的创新需要共同标准和操作系统的发展以及特殊元件的创新。然而，即使存在这些难题，自动化仍在逐渐成为新常态，并且智带的实体正在引领这一发展。

3D 打印：增材制造，无所不能

智能制造的第二个基本元素是增材制造，又称 3D 打印。目前，3D 打印已应用于研究实验室、创业公司、外层空间、手术室、博物馆和学校，并且正越来越多地应用于加工业。

传统制造中，制造物品的方式多种多样，包括注塑成型、机械加工、激光切割、焊接等。3D 打印机则是通过逐层堆叠材料，最终塑成一个无接缝、无薄弱点的三维实体。数字设计模型（CAD 文件，即计算机辅助设计文件）向打印机指示每一层的准确形状，进而形成最终的物品。[15]

我们在俄亥俄州扬斯敦（Youngstown）[16] 的一间旧仓库中见到了工作中的 3D 打印机，这里是美国制造（America Makes，原名国家增材制造创新研究所）的所在地。奥巴马总统在 2013 年的国情咨文中宣布要建立 15 个这样的研究所，这里是第一个。[17] 美国制造创新工厂的经理、前 3D 系统公司（3D Systems）雇员凯文 · 科利尔（Kevin Collier）带我们参观了工厂。他向我们讲述了过去四年间从快速成型技术到实际制造的巨大进展。他说："每一天应用的数量和工序的种类都在增加，生产的速度也在提高。"翘曲以及如何使用两种不同材料进行打印等长期存在的问题也在逐步解决。汽车和飞机制造商已经开始采用3D打印技术制作样车和样机，他们还用它为日益普及的复合材料塑形。在医学上，3D打印已用于制造膝关节、髋关节以及战场伤员的替换器官。科利尔说："进展一直在加速。"[18]

在我们走访北卡罗来纳州教堂山的时候，韦克菲尔德集团（Wakefield Group）管理合伙人、风险投资家史蒂夫·纳尔逊（Steve Nelson）勾起了我们的好奇心，他把一台设备上的布盖掀开一角，布盖下是一台崭新的3D打印机，从在实验室里设计原型到在工厂车间里将其转变为整体产品，这台机器可以承担整个生产流程。这套系统的发明人之一约瑟夫·德西蒙（Joseph DeSimone）正是打破学术孤岛，实现学术界与商界智力共享的代表人物。他身兼北卡罗来纳大学化学教授和北卡罗来纳州立大学化学工程教授两职，名下拥有350多项专利。德西蒙同时也是一位企业家，创办过多家公司。他选择了学术休假，以担任新公司碳3D（Carbon 3D）的首席执行官。公司开发的新系统与前代型号相比速度大大加快，最终速度可快1000倍之多，而且能够以极紧的公差加工产品。这种系统可以用于产品的"微加工"，譬如根据患者特殊的解剖结构定制的支架、用于疫苗和药物给药系统的可降解支架、高精度涡轮叶片等。“我们的工艺使任何人都能以足以改变行业格局的速度生产商品级的零部件。”德西蒙如是说。[19]

我们相信，3D打印将创造一种高效的加工模式，能在消灭缺陷与浪费的同时节约能源。最重要的是，从长远来看，3D打印极有可能解放创造力和想象力，进而带来我们迄今难以想象的产品。

物联网：物物相连，处处相通

智能制造的第三个要素是物联网。据世界银行统计，2015年，相比于约50亿的互联网使用人口，使用互联网的“物品”已达250亿，机器对机器无线通信的必要性正日益显现。在机器中嵌入传感器并时时分析其产生的数据可以减少计划外停机时间并在应维修时发出警告。未来它甚至可以允许在机器出故障之前就进行维修。在2013年的一场TED（泰德）演讲中，通用电气首席经济学家马尔科·安农齐亚塔（Marco Annunziata）将工业互联网称为“一场足以比肩工业革命的头脑与机器的联姻……它不是让机器变聪明，而是让机器变得绝顶聪明。”[20]

英特尔、思科、IBM、美国电话电报公司（AT&T）、通用电气等公司在意识到这场变革后，于2014年5月宣布成立工业互联网联盟，这是一个非营利的开放性会员组织，旨在建立共同标准，以便信息能在机器间自由流通。此类项目表明，至少有一些关键的、精于技术的美国企业正在认真对待工业互联网。西门子亦如是，西门子工业业务领域北美地区首席执行官赫尔穆特·路德维希（Helmuth Ludwig）称“智能制造业的未来就在眼前。这不亚于一场工业领域的范式转变：现实制造与数字制造正在融合。新科技正以振奋人心的方式将一度相互独立的产品设计、产品策划、生产工艺、生产执行、服务联系在一起”。[21]

西门子不仅认可智能制造的未来，而且已经应用了这些运作方式。在德国安贝格（Amberg）一个面积 108 000 平方英尺（10 033 平方米）的智能制造工厂中，西门子生产着 950 种不同型号的 SIMATIC 控制器（年产 5 万件不同产品），生产中要使用来自 250 家供应商的超过 16 亿个元器件，涉及材料多达 1 万种，而生产的残品率仅为百万分之十五。部署在工厂中的触摸屏颇具战略意义，可以让机器操作员检视生产中的一切，大到整个生产线，小到个别零件。[22]

为了一探工业互联网在工厂内部如何运作，我们参观了通用电气在哈得孙河谷斯克内克塔迪市（Schenectady）新建的工业电池工厂。说来颇有讽刺意味，环绕这座工厂的正是通用电气曾经的灯泡工厂和发电机工厂的老建筑，这里是名副其实的锈带到智带的转型之作。在这座耗资 1.7 亿美元的工厂中，通用电气部署了自己的工业互联网，这是一个由传感器连接而成的先进系统，可以追踪并记录生产过程中从污染物、资源来源到温度、机位号的每一个参数，使任何潜在的不一致都可以采用数字方式追溯其源头并加以纠正。通用电气捐弃以往，重新建立了最先进的信息系统用于新的机器中，帮助识别哪里出现了错误、哪里可以提高效率。新系统还有助于将计划外停机时间减少到零以及在机器出现故障前进行维修。通用电气的工厂生动地体现了数字技术在传统制造业中日益重要的作用。[23]

就这样，上述三个元素——机器人、3D打印、物联网——共同支撑起了智能工厂中借由智力共享开发出的产品和技术。这种智能工厂有的已经存在于欧美各地的智带中，有的则正在兴起。

我们还看到了这一切智力共享和智能制造活动的成果：它们产出的产品和技术。正如我们在接下来的章节中将要看到的，这些成果主要集中在三个领域：芯片和传感器、新材料、生命科学（包括生物技术和医疗设备）。这些都是属于智带的活动，因为任何单个参与者都不可能以比肩智力共享的速度、效率和创造力完成这些活动，甚至根本开展不起来这样的活动。但幸运的是，这些活动正在那些让人意想不到的地方兴起，例如阿克伦、埃因霍温、隆德、德累斯顿。没错，甚至是昔日的锈带、经常大雪封路的纽约上州（即纽约州北部）城镇。

THE
SMARTEST
PLACES
ON
EARTH

第二章

关键人物推动的变革

芯片与传感器的密集创新

在寻访欧美各地昔日锈带地区的旅程中，我们经研究发现，智带之间既有极为相似之处（历史、参与者的类型、联络者、智力共享的方式、对先进制造技术的利用），又存在着巨大的差异。所有智带都从事专业化的技术研究，工作具有高度的复杂性，都需要跨学科的合作，都要由各方分摊极其高昂以至于无法由任何一方独自承担的研究成本。尽管有上述共通之处，但每一处智带又都专注于一到两项界限分明的经济活动。例如，阿克伦和埃因霍温的主要关注点是聚合物；明尼阿波利斯和奥卢关注的是生命科学；奥尔巴尼和德累斯顿（以及埃因霍温）则关注芯片和传感器。智带与产业集群的区别在于，产业集群主要是由特定区域内地理位置相近的相关企业及其供应商组成的群体，而在智带中，大学是不可或缺的组成部分。智带各实体间不仅相互联系，而且彼此紧密合作。其科研人员的知识高度专业化，研究重点也非常突出，以至于他们不会感受到别人造成的威胁，因而可以随心所欲地形成紧密的伙伴关系，进行开放式合作，让所有参与者都更加强大、更具竞争力。智带偶尔也会出现不同地区间的竞争，但这些地区各自的专长并无交集，这使得智带的人可以在自己的位置上高枕无忧。

无论对于哪个行业来说，要实现这种专注性与开放性的独特结合，其基本要素都是相同的。但正如我们将要看到的，这些要素发挥的作用略有不同。在本章中，我们将关注以下内容：联络者的作用、物质环境的重要性、传统优势的力量、供应链转型为价值链，以及如何建立强大的社区，以推动芯片和传感器领域的突破性创新。

典型的智带挑战：物联网的崛起

智能手机如今连接着数十亿人口，并将海量信息送到我们的指尖上，但与物联网对我们生活的影响相比，就显得微不足道了。物联网可以使数千亿的机器、设备以及其他物品彼此相连，同时能对它们产生的大数据进行瞬时分析。城市、房屋、运输系统、通信网络、生产设施以及公共设施——想象一下这样一个世界，几乎所有的设备都可以通过互联网与任何其他设备相连，实时共享信息。物联网对我们的健康、生产力、粮食安全、教育乃至幸福感都有巨大的影响。例如，无人驾驶汽车有助于解决市区中的交通堵塞问题，减少交通事故伤亡；我们身体里的微型传感器可以帮助监测、管理自身的健康状况；智能电网可以让我们以惊人的效率和可靠性利用替代能源。物联网潜在的好处简直难以想象。（当然，还存在一些涉及安全和隐私的重要问题。）

上述种种潜在的好处要想落到实处，就要依赖这些装置内嵌的传感器以及用于连接传感器并处理它们收集到的大量数据的芯片，而首要问题就是它们的计算能力和存储容量。必须要让它们体积更小、功能更强大，而且还要不断降低生产成本。世界各地的技术创新者都有志于此，其中不只有那些知名的创新中心，还包括我们参观过的三个智带：位于哈得孙科技谷中心的纽约州奥尔巴尼、德国的德累斯顿以及荷兰的埃因霍温。

这些名不见经传的地区一直专注于芯片研发，为了追寻体积更小、功能更强大的芯片，它们展开了一场历时数十年的探索，如今正是这场角逐的最后冲刺阶段。它们主要专注于两个问题：其一是如何制造更大的硅晶片（用于制造芯片的半导体材料薄片），使单个晶圆片可以产出更多的芯片，进而降低成本；其二是如何缩小每个芯片上微型电线（电路）的间距，以使更小的芯片可以承载更大的处理能力。要解决这些难题，就需要在设计开发过程中进行智力共享，在生产中采用智能制造方法。

奥尔巴尼专注于采用纳米技术设计下一代大尺寸硅晶片（直径450毫米），即在原子和分子水平上处理物质。在德累斯顿智带，处于核心地位的则是制造工艺本身。而在埃因霍温，智力共享既适用于芯片设计过程，也适用于制造工艺的开发过程，特别是一种使用极紫外光刻（EUVL）的新方法，采用这种方法可以更可靠地制造精密度越来越高的芯片。

三个智带都是典型的“苏醒的睡美人”。通过对各个智带的共同要素进行幸运组合，这些地区已经从睡梦中苏醒过来。

奥尔巴尼：汇聚众智，联络者的重任

没有阿兰·卡洛耶罗斯（Alain Kaloyeros）的参与，奥尔巴尼地区就不会成为智带。卡洛耶罗斯是纽约州立大学理工学院纳米技术研究中心的负责人，该中心是纽约州立大学系统的一部分，全称为纽约州立大学纳米技术与工程学院，项目总投资200亿美元。卡洛耶罗斯在黎巴嫩长大，年轻时作为基督教民兵参与过黎巴嫩内战，曾在贝鲁特错综复杂、屡遭兵燹的街道中数次死里逃生。随后，他放弃了在城市中打游击战的生活，转身投向学术界。1987 年，他从伊利诺伊大学获得了凝聚态物理学（实验物理）博士学位，并很快展现了自己作为一名物理学家的才能。尽管他堪当科研重任，但他既不是出身麻省理工或斯坦福的“技术宅”，也不是来自硅谷的“创业神童”。他具备一个联络者在促成锈带地区复兴时所需的最重要的技能，我们在全书中将一再提到这项技能的重要性。

纽约州立大学理工学院院长阿兰·卡洛耶罗斯

图片来源：纽约州立大学理工学院

然而，必须要明白一点，智带联络者所起的作用比“社会”联络者更为复杂。社会联络者往往同时属于几个不同的社会团体，其作用在于为各类人相互接触创造条件，而一般来说，这些人已经有意要与当前圈子以外的人接触。相比之下，智带的联络者不仅要乐于为人牵线搭桥，具备相应的沟通技巧，然后付诸行动，还要具备足够的眼界，能说服其他人，让他们接受目所不及之事，接纳自己对远景的构想。联络者要激励人们相互接触，努力找到共同兴趣点，在舒适区外建立新的关系，继而将这种关系转化为持久性的社区。除此之外，联络者可能会经历初期的惨淡经营，因为他们想要联系在一起的人和团体本无意于此，甚至对联络者付出的努力持敌对态度。

卡洛耶罗斯是如何担起这一重要而艰难的角色的呢？1988年，他受纽约州州长马里奥·科莫（Mario Cuomo）之邀，前往奥尔巴尼主持纳米技术与工程学院。科莫和他周围几位志同道合的纽约州决策者确信，他们需要一个一劳永逸的解决方案，来解决纽约州锈带的夕阳产业引发的问题。有了IBM公司的支持和纽约州立大学的参与后，他们开始将精力集中于芯片制造。但他们还缺少一位强有力的领导者、能言善辩的代言人来推进这项工作，这个人既要有学术资质，又要有创业动力。几经寻觅，最终他们找到了卡洛耶罗斯。

2013年，在探访奥尔巴尼的过程中，我们第一次看到了纽约州立大学纳米科技研究中心。当时，我们俩（本书的两位作者）抱有同样的想法：这就是那种人们认为只有在亚洲才能见到的先进科研园区，比如说台北附近的新竹科学园区。人们绝不会想到，这样的园区会出现在奥尔巴尼市郊，因为这种美国城市理应正在挣扎度日。我们在纳米科技研究中心见到的是现代化的建筑群，建筑外部由玻璃和金属构筑，内部是由玻璃通道相连的办公室和实验室。

纽约州立大学纳米技术与工程学院纳米技术研究中心的无尘室

图片来源：彼得·范·阿格塔米尔（Peter van Agtmael）/玛格南图片社（Magnum）

随后，我们见到了卡洛耶罗斯，他那迷人的风度和敏捷的思维给我们留下了深刻印象。这一刻他可能还在谈论汽车，说他开的是25万美元的法拉利458蜘蛛，加速到60英里/小时（96公里/小时）只需3秒钟。下一刻，他可能话锋一转，开始讨论下一代半导体的错综复杂之处。我们了解到，他是奥尔巴尼智带强有力的推动者，他的口号很简单：是时候挑战一下亚洲"世界芯片制造商"的地位了。我们还了解到，他具有过硬的学术资历和商业背景来说服世界顶级的半导体公司，让它们将前沿研究工作带到奥尔巴尼来。

我们没能立即明白的是，作为一名世界级的物理学家，他有着数不尽的机会，为什么选择了奥尔巴尼。诚然，其中有报酬的问题，但是吸引卡洛耶罗斯的远不止丰厚的报酬。他向我们解释说，他本可以在很多业界巨头或学术机构中谋得报酬颇丰的职位，但他却在奥尔巴尼看到了一个独特的机会，可以让他做一些更有挑战性、更有意义的事情，他可以参与到当今最振奋人心的行业当中，积累足够的科学与工程专业知识，然后唤醒睡美人。这位睡美人有朝一日可能会成为当今芯片制造业中心的劲敌，并改变长久以来由亚洲芯片制造商主导的竞争格局。

卡洛耶罗斯深知这一过程并不像把几个人聚在一起开一两次会那么简单。业界对聚集不同参与者共谋一事的可行性深表怀疑，他必须要打消业界的疑虑，还要在开放式创新过程中与它们保持合作，这种合作将会持续多年。

所幸纽约州州长和总部近在咫尺的IBM都深知这一地区形势岌岌可危，需要面对现实。州政府、州立大学系统以及该地区的公司深切地感受到了来自国外及美国其他地区的竞争威胁。纽约州立大学奥尔巴尼分校的领导迫切希望跟上先进制造技术最新发展的脚步，但他们知道道路是艰辛的，因为他们无法与麻省理工学院这样顶级的研究型大学竞逐一项又一项政府或企业的资助。与此同时，在纽约州东菲什基尔（East

Fishkill）设有生产基地的IBM公司身为业内领先的半导体制造商，已开始意识到自己的创新过程——封闭、专制、孤立模式——已经过时，不会为公司带来立于前沿所需的突破性创新。没有一家公司可以做到投资数十亿美元以领先整个行业，即便是规模庞大、人才济济的公司也不行。

因此，卡洛耶罗斯看出，所有参与者都需要一些自身没有但可通过智力共享获取的东西。例如，纽约州立大学的全球先进制造中心高度依赖企业为其研究设施提供经费，企业则依赖学界为其提供基础研究。但是这种关系是以项目为基础的，既没做到很好地关注某一共同目标，也没做到更加开放。在这种情况下，他们取得的知识不会与项目参与者以外的人分享。

卡洛耶罗斯认定，他们需要的是一个新的智力共享环境，而营造这种环境的最佳途径就是兴建一处可用作孵化器和创新中心的设施。这正是纽约州立大学纳米技术研究中心创建背后的动力。这座卡洛耶罗斯称之为“巨无霸”的研究中心给我们留下了深刻的印象。

在那里，企业的研究人员可以与纽约州立大学的教员和研究生并肩工作。卡洛耶罗斯相信，拥有自己的研究机构并维持其运营可以激励工业企业不断创新。只要企业坚持这样做，大学就可以从合作中受益。受益的途径多种多样，包括签订承包项目、增强对人才的吸引力、创办创业公司或衍生公司、取得专利等。卡洛耶罗斯对我们说：“我们坚信，那些建造基础设施的人最终将收获技术进步的果实。”[1]

卡洛耶罗斯很清楚，他需要做的不仅仅是说服足够多的现有参与者到中心落户，还要吸引新的参与者。在创建全球450联盟（G450C）的过程中，他担当了推动者的角色，先后游说了英特尔、IBM、尼康、三星、台积电（TSCM）、格罗方德（GF）等世界各地的业界巨头将下一代研究活动落户奥尔巴尼地区。450毫米晶圆的研发活动在纳米科技中心进行，但格罗方德的半导体制造业务在纽约州马耳他城进行，三星和台积电则分别在首尔和台北附近进行研发活动，并且在当地设有制造设施。2015年8月，在奥尔巴尼进行后续访问期间，我们有机会进入了无尘室，看到了十几位正在努力工作的工程师，他们在测试运行世界首台450毫米制造设备。走到这一步花费了十余年时间，需要惊人的毅力、创造性思维以及严密的论证。[2]

为了创建全球450联盟，卡洛耶罗斯向这些骄傲的竞争者摆出了充分的理据。他支持这种史无前例的合作方式的第一个理由是：这种合作可以提高效率。智力共享比各企业和大学以往采用的方式更加高效，传统的合作方式组织松散且缺少重点，只是将各个项目、计划粗略地整合到一起。

第二，他强调智力共享方式具有重要的结构性优势。只有在大学的主导下，同业的竞争者才可以积蓄资源池、共享信息，而无须顾虑联邦政府的反垄断调查。作为合作内容的一部分，他们可以共同斥资数十亿美元，用于过于昂贵以致个别企业无力承担的先进设备和工艺，并且无须担忧被控勾结或价格垄断。如此一来，他们创造了一个开放性的平台，研究成果各成员利益均沾，参与者个体还可应用研究成果创造各自的专利产品。

第三，卡洛耶罗斯承诺，全球450联盟的参与者将能应对更大的挑战。挑战更大，成功的机会就更大，还有可能获得极大的回报。目前，在纽约州立大学纳米技术研究中心，3500位来自业界的科学家和工程师正与该校教师和研究生一道，参与一项耗资三四十亿美元的项目。他们夜以继日地工作，致力于解决制造下一代450毫米硅晶片的相关问题，其中包括极紫外光刻技术。日本尼康、荷兰阿斯麦（ASML）以及德国的镜片制造商蔡司（Zeiss）和激光领域权威通快（Trumpf）在此次合作中扮演着关键角色。[3]

纽约州立大学理工学院同时还与东纽约州天使投资集团合作，作为孵化器为当地创业公司和衍生公司提供服务。东纽约州天使投资集团通过两轮融资募集了390万美元，已分别为9家创业公司投资5万~25万美元。贝斯科技（Bess Technologies）就是其中之一，这家创业公司致力于开发更高效的电动汽车锂离子电池和容量更大、充电更快的消费性电子产品。[4]

卡洛耶罗斯认为，通过上述种种努力，半导体产业已为美国其他希望在复杂的技术创新中立于前沿的行业树立了典范。他说道："过去人常言，通往奥尔巴尼的路必经IBM，而现在人们说，通往IBM的路必经奥尔巴尼。”他所说的奥尔巴尼，其意义不在于是州府所在地，而在于那里有纽约州立大学纳米技术研究中心。

吸引人才的环境：扩展为区域中心

奥尔巴尼智带的扩张已超出城市本身：纳米技术研究中心的成功仅仅是这里政府、学界、企业协同创新中的一例，如今这里已经被称为哈得孙科技谷。

科研重镇伦斯勒理工学院距奥尔巴尼仅20分钟车程，院长雪莉·安·杰克逊（Shirley Ann Jackson）坦言，纳米技术研究中心确实成功推动了纳米技术的发展，将半导体企业带了回来，并为整个地区创造了就业。她指出，同样重要的是，纳米技术研究中心的专家们掀起了一股全新的科研浪潮，这股浪潮将推动行业超越硅基半导体向更深层次发展。据她称，伦斯勒的研究人员正设法将纳米技术与生物技术结合，以完全克服硅生产的局限性，借此“尝试构想2020年以后的发展”。[5]

纽约州立大学纳米技术研究中心的影响范围已然超出了研究领域，涉及了制造业。我们从伦斯勒理工学院出发，沿着87号州际公路向北驱车20英里（约32公里）就到了马耳他城。世界第二大独立半导体代工厂格罗方德[6]在此斥资100亿美元兴建了一座先进的制造工厂，业界将其称为“fab.”（晶圆厂）。

格罗方德政府关系总监迈克·鲁索（Mike Russo）告诉我们，这家工厂是美国大萧条以来最大规模的新建项目，它将成为世界上最先进、自动化程度最高的工厂。工厂一期于2012年投入运营，截至2015年，约有3200名员工在此工作。工厂全天候运营，身着白色工作服、佩戴蓝色防护镜的技术人员时时监控着设备。半数以上员工是化学工程师、电子工程师和机械工程师，他们来自世界各地。员工平均年薪9万美元，格罗方德每年为此支出3.5亿美元。

格罗方德早期在新加坡和德国德累斯顿已设有两家设施不够先进的半导体加工厂，又于2014年10月接收了IBM的半导体加工厂及相关知识产权。此次在马耳他城投建新的制造设施后，格罗方德在技术上[7]已经可以与台积电、三星等半导体行业内最大的制造商处于同一阵营。相比之下，格罗方德的规模还较小。

我们2014年8月拜访期间，晶圆厂二期正处于建设之中，5000名建筑工人每天都在那里施工。整个基地可以容纳4个晶圆厂，但三期工程和四期工程何时进行取决于市场增长的速度以及马耳他城的基础设施和环境对额外扩张的支持情况——税收优惠和充足的能源供应等情况。

不仅格罗方德自身将在奥尔巴尼智带部署大量业务，公司的许多主要供应商也都已迁入此地，其中包括应用材料（Applied Materials）、东京电子（Tokyo Electron）以及阿斯麦等公司。迈克·鲁索坚信，随着产能的提高，这里最终将形成一条全新的供应链。另一家制造商美施威尔集团（M+W Group，德国—奥地利）也在纽约州投建了一座总值14亿美元的高科技工厂，并且已将其总部由得克萨斯州奥斯汀迁至哈得孙科技谷。

于是，在纽约州州政府、州立大学系统与IBM三方合作的推动下，哈得孙科技谷如今已成为一片欣欣向荣的智带。受益的不仅限于那些参与技术创新的企业，区域内各种类型的企业均可获利，这是所有智带共有的特征。我们在萨拉托加温泉附近的一家餐厅吃晚饭时，服务员评论道，格罗方德在晶圆厂的投资创造了大量就业，使这座城市的市区重新焕发生机。来自中国、欧洲和印度的雇员为小镇的街道、店铺带来了新生。小镇风景如画，长期以来一直以其赛马场和夏季艺术节而闻名，如今则更以拥有世界上最先进的制造设施而闻名。

从伦斯勒理工学院穿过哈得孙河就是历史名镇瓦特弗利特（Watervliet），智带小镇的创业公司正在这里蓬勃发展。瓦特弗利特是典型的锈带城镇，19世纪，这里的联邦兵工厂制造出了1812年战争和美国内战中使用的大炮和弹药，现在这里依旧在为军方生产武器装备。瓦特弗利特还是美军主要科研中心本内特实验室的所在地。如今，这里已经成为从事半导体创新的新公司的首选之地，这些公司正如雨后春笋般涌现，它们与纽约州立大学纳米技术研究中心有着紧密的联系。现有20家小型高科技公司，包括克利夫兰聚合物技术公司（Cleveland Polymer Technologies）、固封技术公司（Solid Sealing Technology）、微创光刻公司（Vistek Lithography）的瓦特弗利特地区正在成为高科技制造带。

瓦特弗利特兵工厂机器修复车间（1845）

图片来源：美国国会图书馆印刷品与照片部，美国历史工程记录
复制品编号：HAER NY,1-WAVL,1/14--10

奥尔巴尼之行让人大开眼界，我们由此开始领略智带的奥妙。就缔造这一切的联络者而言，我们感受到了卡洛耶罗斯的激情，见识到了他的技巧。我们了解到，至少对奥尔巴尼来说，实体设施是开展事业必不可少的基石。我们还了解了像“巨无霸”这样的项目如何能够成为吸引他人的磁石，又如何能促使研发活动在原有关注点的基础上拓宽范围。我们明白了像奥尔巴尼这样的智带何以成为其他地区、其他行业的典范。很显然，杰夫·伊梅尔特选择在密西西比的无名小镇建设通用

电气超先进飞机发动机制造厂时，很清楚自己在做什么。我们看到，一种全新的制造业形式正在美国兴起，兴起之地让人意想不到，兴起之势让人激动不已。

德国德累斯顿：昔日工业中心的复苏

欧洲是否也是如此呢？我们已经造访过埃因霍温，但我们还需要更多的证据，以确定在各种各样的社区中，锈带是否都在向智带转型。飞机抵达德累斯顿时，我们发现很难想象风景如画的萨克森州州府（德国东部）在 20 世纪 30 年代竟会是世界领先的科学和工业中心，并以卓越而富有创造力的汽车、飞机、透镜制造业闻名于世。

数百年来，德累斯顿还一直是文化重镇，甚至约翰·塞巴斯蒂安·巴赫（Johann Sebastian Bach）最向往的就是能住在德累斯顿的王宫中，而不是莱比锡附近沉闷单调的城市里。德累斯顿再次成为工业重镇的历程想来也同样令人称奇。德累斯顿智带在芯片和传感器领域内完全可与哈得孙科技谷平分秋色。像奥尔巴尼和埃因霍温一样，德累斯顿的转型一方面得益于政治家不得不面对岌岌可危的制造业，另一方面得益于学术界和企业界再燃雄心壮志，意欲证明些什么。

德累斯顿及周边的萨克森地区如今已是高科技产业的中心。我们在奥尔巴尼初识的制造业巨头格罗方德[8]有很大一部分芯片制造业务正位于德累斯顿，英飞凌（Infineon）也在此有同样部署。[9] 围绕着这两家公司，德累斯顿迅速形成了一个合作生态系统，系统中包括 2000 余家公司和 51 000 名员工。

这一切是怎么发生的？这是我们向贝蒂娜·福斯贝格（Bettina Vossberg）提出的问题，她是德累斯顿工业大学的孵化器“高科技跑道”（High Tech Startbahn）[10] 的负责人。该校是德国同类型大学中最大的一所。她给我们讲了一段颇具启发性的历史。莱比锡、德累斯顿、耶拿（Jena）等城市均位于德国东部的萨克森州，这里在“二战”前曾是该国最早的工业与科研中心。“二战”后该地区处于民主德国治下，大多数企业家离开了这里，并在联邦德国的巴伐利亚州和巴登-符腾堡州落户。如此大量的人才流失导致萨克森州的工业陷入衰退，与之相伴而来的则是联邦德国的“经济奇迹”。

1946 年，有轨电车在前一年盟军德累斯顿大轰炸留下的废墟中穿行

图片来源：盖蒂图片社（Getty Images）/威廉·范迪维尔特（William Vandivert）

德累斯顿乃至整个萨克森州都进入了数十年的休眠期，直至 1989 年柏林墙被推倒，基督教民主党的库尔特·比登科普夫（Kurt Biedenkopf）于 1990 年当选萨克森州州长，情况才有所改变。12 年间，比登科普夫在三任任期中，作为联络者起到了关键作用，在他的努力下，该地区重新拾起了科学与工业重镇的本色。比登科普夫认为，德累斯顿可以再次在技术创新中发挥重要作用。在他的影响下，一大批科研机构相继在此设立分支机构，包括从事基础研究的马克斯·普朗克研究所[11]、从事应用研究的弗劳恩霍夫协会[12]、致力于研究 21 世纪科学难题的亥姆霍兹联合会[13]以及继续资助民主德国智库出身的优秀研究项目的莱布尼茨学会[14]。这些机构带来了大量的智力资源。

德累斯顿圣诞市场是德国历史最久、人气最旺的圣诞市场

图片来源：盖蒂图片社/马蒂亚斯·哈克尔摄影室（Matthias Haker Photography）

但是正如我们所见，智带不仅仅是建立在智力资源的基础上，萨克森州还需要大型的知名企业。在民主德国时期，扮演这个角色的是拥有3000名员工的半导体巨头泽恩帝（Zentrum Mikroelektronik Dresden，ZMD即“德累斯顿中央微电子”）。但该公司由军队控制，没有明确的市场定位，柏林墙倒塌后，公司随即失去了资金来源，走向破产。泽恩帝分裂为若干部分，其中一部分仍留在德累斯顿，如今为汽车制造业生产数模混合芯片，其他部分则并入第三方芯片制造商X-FAB（埃克斯）。

在复苏之际，德累斯顿得到了它所需的支柱企业。1994年，从西门子公司独立出来的英飞凌斥资逾30亿欧元在德累斯顿建起了工厂和无尘室，用于生产大晶圆和智能芯片。该公司致力于开发芯片和传感器软件，以使芯片和传感器更为智能，能理想地应用于汽车、信用卡和风车。在全球汽车制造业中，英飞凌目前在该领域内处于领先地位，占市场份额的25%。英飞凌已经成为汽车制造业供应链中一股不可忽视的力量，与同样来自德国的博世（Bosch）以及日本的电装（Denso）展开竞争。

正如我们在奥尔巴尼了解到的情况，一旦有一位成员站稳了脚跟，生态系统便会开始蓬勃发展，其他重要成员最终也会被吸引过来。虽然耗时多年，经历了多番艰苦谈判，但最终美国超威半导体公司（AMD）还是难抵诱惑，于1996年进驻德累斯顿。超威半导体在德累斯顿的业务取得大幅增长后，将旗下芯片制造业务出售给了阿布扎比酋长国（阿联酋最大的酋长国），这部分业务如今在格罗方德名下继续开展。目前，格罗方德通过位于德累斯顿、新加坡、哈得孙科技谷的芯片制造厂为多家科技公司制造芯片，其中包括超威半导体、博通（Broadcom）、高通、意法半导体（STMicroelectronics）等。格罗方德公司在德累斯顿的投资达 10 亿美元，已成为欧洲最大的芯片制造商。

格罗方德德累斯顿设计中心的负责人格尔德·特格（Gerd Teege）为我们讲解了他们在同时追求更大的晶圆、更小的芯片的过程中面临的挑战。他说，生产中有两个元素是不可或缺的：硅材料和光掩膜。光掩膜决定从光源射出的光线照在硅片的什么位置上，以此形成电路图案。为了供应上述材料，格罗方德与日本凸版光掩膜公司（Toppan Photomasks）共同创建了先进的掩膜技术中心[15]，研究人员在此合作进行新型掩膜的技术研发，与双方母公司共享研究成果。该中心距离格罗方德仅一箭之遥。世界第三大硅晶片生产商德国世创电子材料公司（Siltronic）[16]长期以来一直在德累斯顿西南的弗莱贝格镇（Freiberg）设有生产基地，此外，公司还在俄勒冈州波特兰市设有分厂。2004 年，世创电子材料在弗莱贝格开设了一家工厂，用于生产 300 毫米晶圆。目前，先进掩膜技术中心和世创电子材料都是德累斯顿智带创新生态系统的重要成员。

在重点企业蓬勃发展之际，创业公司也开始涌现出来，其中不少公司是由几近倒闭的泽恩帝的前雇员创建的，譬如专门从事无尘室空气净化的戴思公司（DAS）[17]。还有其他创业公司，如HAP公司[18]专注于芯片生产的自动化技术；AIS软件公司[19]主要开发实现物联网世界所需的软件；DERU建筑公司[20]侧重无尘室的设计与施工。

创造平衡：萨克森硅谷的发展

在上述活动积极向前发展的同时，出现了一个很有趣的现象。尽管智带需要一家具有相当规模的知名企业，但它也需要在大企业的影响力与小企业、配套企业的贡献之间保持平衡。英飞凌和格罗方德甫一入驻该地区并扩大规模、施展影响力，规模较小的私人公司即感到有必要联手创造一种制衡力量，以应对这些大芯片制造商。

此时智带需要一位领导者，一位精于智力共享之道的联络者。企业家们找到了曾受雇于泽恩帝的物理学家吉塔·豪波尔德（Gitta Haupold）。豪波尔德从20世纪90年代离开公司起就一直在指导创业者。她明白，需要建立一个组织来聚拢各创业公司，为它们的利益服务。豪波尔德接受了联络者的重任，并于1998年创建了名为“萨克森硅谷”（Silicon Saxony）的组织。“萨克森硅谷”的提法借自一位《金融时报》记者，这名记者曾在一篇关于德累斯顿现象的文章中使用过这一说法。

如今，萨克森硅谷已经是一个拥有300多个成员、年预算80万欧元的私营实体，大部分资金来自占组织成员80%的中小企业，但酒店和银行也有所贡献，组织年会也会带来收益。虽然与许多行业协会相比，萨克森硅谷的规模很小，但它表明，在重获新生的萨克森地区，智力共享已经迈出了第一步。

吉塔·豪波尔德认为，萨克森硅谷使智力共享变得更容易、更高效。她表示："现在的政治家、科学家、企业家都知道如何能联系上对方。"与此同时，她也承认萨克森硅谷费了好大的劲儿才取得了应得的关注和影响力。她坦言："我们还没有获得德国首都柏林和欧盟总部布鲁塞尔的关注。"[21]2014年，萨克森硅谷在这方面向前迈进了一步，此步虽小，却意义重大。当时，英飞凌被选中负责牵头欧盟的"eRamp"研究计划。[22]该项目为期三年，耗资5500万欧元，由来自6个欧盟国家的26个研究伙伴共同参与。研究的目的在于探索如何借助芯片和传感器提高能源效率。萨克森硅谷展示了致力于促进智力共享、打造品牌形象的地方组织如何能在地区层面、国家层面乃至超国家层面发挥作用，吸引竞争激烈的资金。就这种公私合作制度化的进程而言，美国要远远落后于欧洲。

要说服布鲁塞尔的政治家投资支持德累斯顿及其他地方的芯片制造业，仍然任重而道远。为此，埃因霍温（荷兰）、鲁汶（比利时）、格勒诺布尔（法国）、菲拉赫（奥地利）等四个欧洲领先智带与萨克森州联手，创建了名为"欧洲硅谷"

（Silicon Europe）的组织。[23]

缔造了萨克森硅谷的联络者弗兰克·博森贝格（Frank Bösenberg）为创建欧洲硅谷开展了大量游说工作。博森贝格的本职是土木工程师，他于2005年加入德累斯顿工业大学，成立了一个部门，专门向欧盟申请合作资金补助。根据欧盟收集的统计数据，萨克森州被列为欠发达地区，因此有资格获得“结构基金”，用于基础设施项目及相关研究。

博森贝格和同事将手头资源优先放在确保这些政府补助上，随后逐步转向欧盟其他的资金来源，例如由“展望2020”计划（Horizon 2020）提供的创新补贴。“展望2020”计划由欧盟发起，旨在激励欧盟各国的创新。博森贝格的部门名为“欧洲项目中心”[24]，拥有40余名员工，以在德国的大学中拥有最多的项目而著称。根据最新统计，他们已取得了270项第三方资助项目。博森贝格最终离开了大学，创办了自己的公司，这是一家专门为中小企业融资提供指导的公司。他还在萨克森硅谷兼职，在欧盟大力倡导打破各国、各部门间的壁垒，营造关系紧密的欧洲经济体。

自走出战后阴霾以来，德累斯顿作为技术创新合作中心已取得了长足进展，即使如此，它仍在奋力前行。2008年，贝蒂娜·福斯贝格初迁至此，当时她眼中的德累斯顿仍是一位睡美人，充满潜力，只待唤醒。福斯贝格在家乡科隆的应用技术大学取得MBA（工商管理硕士）学位后，并未急于谋划前程，而是先为多家德国跨国公司服务，穿梭于世界各地。当她看到萨克森州时，这里高质量的生活、良好的基础设施、文化的吸引力（包括顶级歌手和演员在当地各类演出场所演出）、世界一流的教育和研究条件给她留下了深刻的印象。

福斯贝格受聘于德累斯顿工业大学，负责制定孵化器方案，甫一上任，她就看到当地的一些不足之处。一方面，这里缺少足够的创业榜样，例如，2013 年以 2.6 亿欧元被三星收购的诺瓦（Novaled）LED（发光二极管）公司迟迟没有担起导师和榜样的角色，发挥积极作用。另一不足之处是，在德累斯顿开展业务的跨国公司要听命于位于其他城市的总部。西门子和英飞凌的高层领导都在慕尼黑，格罗方德的各项政策则由加利福尼亚方面制定。福斯贝格就曾在与西门子打交道时受挫。“他们的反应很积极，也点头答应了，而且他们有兴趣了解新产品开发过程中的创新。”福斯贝格说道。但一旦涉及向德累斯顿的创业公司投资，钱来得就没那么容易了。[25]

福斯贝格表示，上述障碍并非独见于德累斯顿，可能是德国文化的通病。那些年营业额在 5 亿~50 亿欧元的家族企业，即所谓的德国中型企业（Mittelstand），其文化都非常传统、封闭。福斯贝格告诉我们，“它们只在企业内部搞研发”，它们对智力共享不感兴趣，“不会发起创业公司也能参与其中的联合研究计划”。另一个障碍是，德国人倾向于规避风险，认为失败是一种耻辱。但要以智力共享的方式进行技术创新，对失败的宽容是必不可少的，事实上，失败是这一过程的重要组成部分。福斯贝格正在逐步铲除这些障碍，她的想法也传达给了相关人士和机构。为了让学生了解各种创业的可能性，福斯贝格发起了一项备受推崇的训练项目，指导学生如何提出新的商业计划。萨克森州政府接触到这一理念后也发起了一项名为“未来萨克森”（futureSAX）的商业计划竞赛，[26]以帮助该地区的创业公司打响知名度。想要创业的人可以提交他们的商业计划，入选者会在一场盛大的赛事中展示自己的商业计划。那些最具前景的计划的提出者可以得到萨克森州政府的支持，帮助他们创业。

福斯贝格的理念还以其他方式带来了变革。她发起的“高科技风险投资日”（Hightech Venture Days）是一个关于投资者与风险投资的项目，该项目将来自德国东部及欧洲其他国家的高科技创业公司、成长型企业负责人与积极参与德累斯顿关键技术投资的国际投资人聚到一起，为他们牵线搭桥。源自该地区的创新技术正越来越多地被应用于新产品和新服务项目的开发中，应用领域涉及生命科学、环境与能源工程、汽车制造业、物联网等。

当地设计了多项以大学为依托的创新项目，例如旨在促进知识转化的“德累斯顿存续”（Dresden Exists）项目。[27]这些项目的设计旨在提高学生和研究者对创业的兴趣，继而为他们提供概念设计和业务规划方面的帮助。此外，成功的德累斯顿创业者已经认识到担任榜样的重要性。作为一名创业者和多家创业公司的合伙人，罗兰·肖尔茨（Roland Scholz）发起了一项名为“德累斯顿引路人”（Sherpa Dresden）的项目，[28]旨在训练创业者，为他们的创业公司提供帮助。肖尔茨是最合适的人选：他是土生土长的德累斯顿人，毕业于当地的德累斯顿工业大学，从事软件行业，是多家当地企业的董事会成员，其中包括已于2007年成功上市的GK软件公司。

福斯贝格希望德累斯顿能成为公认的世界一流智带，为此，她正着手解决风险投资问题。她想要提高投资者集会的频率，从每年一次提高到每月一次，并最终实现每周一次。福斯贝格进行此番尝试是受麻省理工学院成功做法的启发，在那里，创业者和金融家每周相聚一次。然而，要实施如此大胆的计划就需要有资源，而这些资源又要求有大量资金的支持，该地区目前难以获得这样的资金。福斯贝格希望“高科技跑道”在过去五年中提出的方案能最终将风险投资人吸引到德累斯顿来，对当地进行长期投资。

虽然福斯贝格认为，德累斯顿可以成为技术投资的中心，但她知道想要实现这一目标就要面对巨大的挑战，因为柏林是当前风险投资的中心，而柏林主要关注应用程序的创新，既新潮，所需的资金又少，还不需要过多的等待。制造高级芯片是一项更为复杂的工作，需要大量投资，并且需要更长时间的投入。企业通常需要在其发展中进行多轮融资，从种子基金到上市前的融资，这可能要花费几年时间。

回首过去的25年，德累斯顿走过了漫长的道路，虽然尚未恢复往昔作为德国首屈一指的工业中心时的辉煌，但它已经在稳步向前，走向另一番光景——世界上最先进的芯片制造智带。

荷兰埃因霍温：世界上最聪明的地方

我们乘火车到了荷兰埃因霍温。走出中央火车站时，任谁都无法无视飞利浦电子公司创始人之一安东·飞利浦（Anton Philips）的雕像。在近百年的时间里，飞利浦家族及其治下的飞利浦电子公司主宰着埃因霍温地区（位于荷兰南部）商业、社会、文化的方方面面。随后，面对20世纪90年代的全球竞争，飞利浦大幅减少了公司的制造业务，裁减了35 000个岗位。（当时埃因霍温只有20万人口，因此影响甚大。）埃因霍温的另一位主要雇主达夫卡车（DAF Truck）也同时陷入困境。短短几年之内，埃因霍温便如那些一度繁荣但终被掏空的工业中心一样，陷入典型的休眠期。

然而，不同于其他挣扎数十年才再度觉醒的锈带地区，埃因霍温这一觉睡得并不长。如今，埃因霍温被称为技术领域内开放式合作研究的中心。或许其最大的不同就在于，这里有我们见过的延伸最广的价值链。此外，这里也是创业公司和雄心勃勃的创业者的首选之地，有来自世界各地的 19 000 多位研究者在此工作。这就是埃因霍温被美国世界政策研究机构智慧社区论坛评为“世界上最聪明的地方”的原因。[29]

飞利浦和达夫卡车削减当地的产量时，初看之下，埃因霍温似乎将沦为永久的锈带。当飞利浦把生产线迁往亚洲时，人们普遍担心当地的知识也会随之不复存在。但正如许多辉煌一时的地区面临衰退时的情况，埃因霍温只是没落了，却并未出局。埃因霍温及周边地区有丰富的人才储备，人们从多年的工业生产活动中获得了广博的机械相关知识。

随后，埃因霍温开始觉醒。此前，许多人的职业生涯都是在飞利浦和达夫的庇护下，甚至是在与世隔绝的环境中度过的。如今他们别无选择，只能寻找新的机会，很多人决心单干。倏忽间，这里出现了前所未有的一大批创业者。当地的知识并未流失。

多年来，飞利浦一直运营着一处名为“物理实验室”（NatLab）的研究机构。尽管公司已经关闭了绝大部分产能，但该实验室还在继续运作。飞利浦物理实验室一直是一个传统的企业实验室：私有、孤立、封闭。然而在 2002 年，飞利浦将其更名为埃因霍温高科技园区，向世界敞开了大门，为外界提供服务，积极寻求与需要创新研究的企业、学术机构进行合作。

到目前为止，埃因霍温高科技园区[30]已经取得了惊人的成功。现已有包括英特尔、IBM、ABB、阿斯麦、飞利浦等跨国公司在内的100多个组织将研究或部分研究活动落户在园区内，同时有来自60多个国家的8000多名研发工程师受雇于此。除了大企业，这里还为创业公司和中小企业预留了6000平方米的工作区域，成果非常显著。2014年，园区内的研究人员提交的专利申请占荷兰总申请数的50%以上。

2005年，霍尔斯特中心的成立标志着园区的开放式创新达到了全新的高度。[31]该中心由总部位于比利时鲁汶的IMEC（校际微电子研究中心）[32]与荷兰的公共应用研究机构TNO（荷兰应用科学研究组织）联合创建，得到了荷比两国政府的资助。霍尔斯特中心的宗旨是在高校的知识库与企业之间围绕专业知识的需求架起智力共享的桥梁。中心重点关注两大领域：无线传感器技术和柔性电子技术。霍尔斯特中心有180名员工，其中包括35位博士生和40位在此居住的研究人员。该项目年预算4000万欧元，其中一半以上由合作企业提供，随着政府的参与度逐步减少，它们还将承担起更多的经费。

像奥尔巴尼的纳米技术研究中心一样，霍尔斯特中心为企业、研究者和国际知名科学家提供了中立的集会地。参与者在此共享从研究中获得的知识，有时候某一实体会通过签署协议取得某项创意或创新的专属权。越来越多的公司希望参与到这些项目中，因为凭企业自身的生产设施难以达到霍尔斯特中心这样的研究能力。霍尔斯特中心将各种各样的实体汇聚一堂，它们彼此合作、共同创新，拓展知识以取得新技术、新产品。[33]

高科技园区和霍尔斯特中心都是飞利浦变革的产物，当然，这一变革并非偶然。2001 年就任飞利浦首席执行官的柯慈雷主导了物理实验室的转型[34]，他为飞利浦引入了新的思维方式和新的关注点，以应对老龄化、饥饿、健康、安全等重大的全球性社会问题。但他知道，飞利浦无法凭一己之力解决这些问题。这些问题需要涉及多个学科的综合性解决方案。

开放式创新已经成为飞利浦的口号，而对物理实验室进行重新定位是推动智力共享关键的第一步。飞利浦史无前例地邀请了竞争对手进入自家研究设施参加联合研究计划。有朝一日可能会成为竞争对手的创业公司也获准进入飞利浦的研究设施，接触公司的国际人才网络。飞利浦证明了其开放式创新理念绝不是砸几亿欧元搞项目来装装样子。

渐渐地，该地区的其他成员也开始欣然接受飞利浦的口号。2002 年，前 IBM 荷兰总裁阿曼杜斯 · 伦德奎斯特（Amandus Lundqvist）被任命为埃因霍温理工大学董事会主席。他是柯慈雷提出的开放式合作创新的拥护者，全力支持大学和高科技园区之间的合作创新项目。他还加强了和德国亚琛工业大学以及比利时鲁汶的众多高科技研究机构之间的联系。2003 年当选的新任埃因霍温市市长亚历山大·萨克尔斯（Alexander Sakkers）也和他一样，是开放式创新的积极倡导者。他与地方政府、商界领袖和各知识中心取得联系，向他们宣传高科技园区这块“璞玉”。

由于飞利浦公司、埃因霍温理工大学以及埃因霍温市本身都在竭力宣传开放式创新这一理念，智力共享的魅力开始吸引重要的新成员加入阵营，其中有一位关键成员——阿斯麦公司。[35]

阿斯麦公司从20世纪80年代早期开始就一直在该地区开展业务，当时阿斯麦从飞利浦公司分离出来，专门生产光刻设备。正如前文所述，光刻设备是制造芯片的关键设备。阿斯麦已经超越了日本竞争对手佳能和尼康，目前是这一市场的领导者。

由于追求更小芯片和更低制造成本的竞争日趋激烈，阿斯麦意识到，自身无力承担开发下一代芯片制造设备所需的巨额经费。此时，它开始将目光转向其供应商，以寻求对研究的资助。阿斯麦公司董事会成员马丁·范登布林克（Martin van den Brink）发表了公开声明，阐述了探索老牌公司与供应商的新合作方式的重要性。他在接受采访时指出:“新的合作形式是一个供应商也要负责部分研究任务的过程。”[36]

2000年互联网泡沫破灭后，经济危机随之而来，危机之中，制造商与供应商之间的智力共享取得了意想不到的发展。亚洲的大型芯片生产设备制造商削减了它们的研究预算，而阿斯麦却大胆地增加了研究经费。虽然当时这看似一场冒险的赌博，但研究催生了可以生产更大尺寸晶圆的新设备（实现了直径从 200 毫米到 300 毫米的跨越），这是芯片生产的关键元素，是重大的技术突破。

今天，阿斯麦还在不断创新，公司正进一步改良设备，以期用可接受的成本产生出更强大、更高效的芯片。这意味着要创造 450 毫米硅晶片，开发极紫外光刻技术。

这些技术创新过于复杂、成本太高，以至于阿斯麦还需要与合作伙伴协作，寻求在供应商网络中无法获得的资源和专业知识。阿斯麦向世界最大的芯片制造商（也是该公司最大的三个客户）——英特尔、三星、台积电——寻求资金支持。三家公司承诺 5 年内为其投资 14 亿欧元，作为回报，三家公司取得了阿斯麦 23%限制表决权的股份。

即便有这样大量涌入的资本，阿斯麦仍然面临艰巨的挑战：寻得足够人才以成此大业。公司预计需要 1200 名专家级技术人员，但放眼荷兰乃至整个欧洲，根本没有这么多人才可用。于是阿斯麦在全球展开猎头工作，从远在韩国的科技大学——韩国科学技术院招聘员工。

传统供应链转型为价值链

随着阿斯麦不断扩张芯片制造设备相关业务，同时飞利浦将重点由制造转向研究和营销，我们可以清楚地看到，开放式创新和合作研究需要一种新型的辅助者和供应商网络。适应这一需要，埃因霍温的供应链已逐渐转型为价值链。二者有何区别？在传统的产业供应链中，制造商要设计出产品，写清该产品各部件的规格，与供应商合作按时按预算生产出符合规格的产品部件。而在价值链中，供应商还承担着合作研发的责任，它们在生产流程中参与得更早，在产品设计中贡献自己的知识，合作制订最优制造方案。换言之，供应商将变为整个生产过程价值创造的合作者。

汉斯·杜伊斯特斯（Hans Duisters）见证并推动了这场变革。杜伊斯特斯曾经多次创业，他有技术、能创新、善沟通，同时还肩负一项使命：将高度竞争的企业紧密地结合在一起，形成一个网络，以此网络重新定义“创新”一词。他对我们说：“我的梦想就是和其他创业者、科学家一道，在埃因霍温缔造一个能够提供全世界最好的精密工程高端设备的高科技产业。”[37]

杜伊斯特斯已在这条道路上取得了令人瞩目的成就。1996年，杜伊斯特斯首次创业，创办了苏公司（Sioux）[38]，这是一家跨学科企业，业务覆盖技术软件、机械电子工程、电子设计、供应链管理中的工业数学等多个领域。但在苏成立伊始，公司的主要业务是为飞利浦和帝斯曼这两家大客户制造零件。前者在埃因霍温保留了扫描仪和医疗设备制造业务，后者主要生产用于制造晶圆的高精度工业机械。最初，苏会先收到规格要求，再提交报价，然后遵照客户的指示进行生产。

"后来逐渐出现了一种新的合作关系，我们会自己做些研发工作。"杜伊斯特斯如是说。此类合作始于电子显微镜制造商FEI公司董事罗布·法斯特诺（Rob Fastenau）的一次造访，他与杜伊斯特斯商谈了一个想法。FEI与飞利浦合作开发了一款小型显微镜，但并未将它推向市场，主要因为这是一款针对低端市场的显微镜，而FEI面向的主要是专业研究人员的高端市场，公司不愿扰乱这一定位。于是，苏与恩特斯（NTS，一家总部位于埃因霍温的机械电子工程企业）、FEI及多家当地企业合作，进一步开发、完善了这款显微镜，并最终将其生产出来，推向市场。它们成立了一家新公司来销售产品。新成立的飞纳世界（Phenom-World）由FEI、苏、恩特斯三家公司共同持有。[39] 2006年至今，公司已取得了不俗的业绩。

苏自此被视为创新企业，并着手开发其他产品，其中一项产品涉及将复印机领域中的技术应用于3D打印机。喷墨复印机运用了一项技术，在打印一张图片时可喷涂多达15层墨。复印机制造商佳能奥西（Canon Océ）考虑，是否可以将这项技术用于印制计算机印刷电路板或智能手机芯片的内层和外层，以取代当时标准流程中的第三步——一种与之相似的工艺。佳能奥西提出了开发这种新型3D打印机的可能性，但公司认为，在投身开发之前，需要先试一下水。苏与这种打印机的多位潜在用户进行了交流，他们都表示感兴趣并愿意提供支持，其中一位甚至提出到时候可以负责新产品的营销。

基本确定3D芯片打印机会有市场之后，苏设计出了原型[40]，又花费了五年时间进行密集的评估、测试、改进。开发过程得到了布拉班特发展署（Brabantse Ontwikkelings Maatschappij）[41]的资金支持，这是一个旨在推动北布拉班特省（荷兰南部省份）经济创新的公私合作机构。印刷过程中，任何一滴喷料都不容有失。佳能奥西的研究人员成功开发出了一种极其可靠的喷头，错误率仅为十亿分之一。这听起来似乎还不错，但打印机每秒喷出5000万滴墨，这就意味着，每20秒就会出现一处错误，这是芯片制造中无法接受的错误率。这个问题已经通过使用一款名为“Predict”（预测）的软件得以解决。Predict可以在错误造成印刷电路板印刷缺陷之前就将其识别出来并加以修正。商业论证完毕后，苏公司和奥西技术公司（Océ Technologies）与布拉班特发展署建立了合作伙伴关系，合作以MuTracx公司的名义进行。第一批打印机已于2014年初发货，品牌名称为“月食”（Lunaris）。

苏和其他供应商已经证明，它们不仅能生产零件，还可以成功地为市场带来全新的产品。这进一步改变了整个行业的规则，“供应商”的概念也在不断演变。大大小小的企业和科研机构同属于一个生态系统，在此系统中，智力共享是承担技术研发费用、应对高科技制造业复杂挑战的不二法门。

在杜伊斯特斯看来，阿斯麦、飞利浦医疗保健、FEI、达夫、佳能奥西等在国际市场上大放异彩的企业将越来越重视生产链的首端（研发、原型、概念论证）和末端（产品销售和市场营销）。高度专一化的老牌企业将负责制造“第一层”零件，正如德国镜片生产商蔡司为阿斯麦所做的。但产品研发和工业化的中间阶段——涉及设计、制造原型、结构化生产、整合各个不同生产阶段——将由其他企业负责，例如苏这样的企业。“这样一来，供应链就演变成了价值链。”杜伊斯特斯说道。

缔造智带：协会和基金会

随着供应商在埃因霍温智带发挥越来越重要的作用，他们得出了一个与德累斯顿等其他地区的中小企业相同的结论：他们需要一种新型协会，既能帮助他们不断完善智力共享过程，又能代表各公司的利益。于是，汉斯·杜伊斯特斯等人成立了智港工业协会，[42] 协会的宗旨是为成员提供帮助。绝大多数成员都位于埃因霍温地区，来自人事、技术、市场战略等领域。智港工业协会的首要任务就是增进协会成员与埃因霍温理工大学的关系。协会通过举办与关键技术课题相关的联席会议和定期会议来实现这一目标。

埃因霍温市市长兼智港基金会主席罗布·范海索

图片来源：荷兰高度图片社（Hollandse Hoogte）

以埃因霍温为代表的智带，成员之间荣辱与共，整体事业欣欣向荣，足以在相关产业内发挥更大作用，将影响范围扩大到本地区以外。正因如此，2004 年，这里成立了埃因霍温智港基金会，由埃因霍温市市长罗布·范海索（Rob van Gijzel）担任基金会主席。基金会的宗旨有两个：一是为外来者游览埃因霍温智带提供帮助，二是与其他志同道合的创新中心和欧洲资助者建立工作关系。

范海索跟我们谈到了他所扮演的两个角色——市长和基金

会主席。在埃因霍温时，范海索表现出的是企业家的一面，致力于协调基金会成员间的智力共享工作，成员包括21座周边城市、高科技公司以及大学。而当他在外旅行时，展现出的则是地区使者的角色。范海索曾身为议员，因此对该国政治中心海牙十分熟悉。他还频繁前往布鲁塞尔，为埃因霍温及周边地区奔走游说，如有必要，他还会敞开智带的大门，为欧盟资助智带的创新事业行方便。

尽管我们目前认为智力共享是一种区域性活动，更确切地说，这种现象多见于发达经济体。但未来的智力共享必定是全球性的，会延伸到各类创新活动中。

苏公司的创始人汉斯·杜伊斯特斯认为，硅谷、以色列、新加坡等地的公司将会前来埃因霍温，探讨它们正在开发的高端精密产品能否实际制造出来，以及它们如何能改进设计以实现最优化制造。

杜伊斯特斯很清楚该地区经历过的考验以及仍需面对的威胁，但他为这里已取得的成就感到自豪，也十分看好埃因霍温的未来。我们问杜伊斯特斯工作的动力是什么，当时，他站在火车站外，指着飞利浦电子公司创始人安东·飞利浦的铜像说："如果有朝一日他们为我在此塑像，我必深感荣幸。"

THE SMARTEST PLACES ON EARTH

第三章

制造业的重生

新材料开发，一段精彩绝伦的故事

我们通常认为，智带就该如我们以往所见，有随处可见的咖啡馆和酒吧，有改作他用的仓库，有极其先进的实验室，还有自动化晶圆厂。然而，当我们第一次踏上美国的锈带，俄亥俄州的阿克伦就以其不寻常的表现引起了我们极大的关注。

彼时，阿克伦市中心已然翻修一新，我们在闹市中一间装潢入时的餐厅落座，与我们在一起的是阿克伦大学校长路易斯·普罗恩扎（此次会面后不久，他便于2014年退休，改任名誉校长）。普罗恩扎并非独自前来，而是邀请了几位资深顾问和同事，一道参与这场席间之谈。这些人的文化背景将我们脑海里过时的锈带形象一扫而空。我们原本连想都没想，便认为要见的应该是一群土生土长的俄亥俄人，但这顿饭的主角们却来自世界各地，墨西哥人有之，希腊人有之，印度人有之，美国人亦有之。我们本以为只是随意聊几句，说实话，我们觉得在智带这股新兴力量方面，我们都快成为专家了。然而，呵呵……普罗恩扎的团队做了周密的准备，他们带着文件和数据，并且对我们参观过的或正要研究的智带了若指掌。毋庸讳言，一顿饭的时间里，我们受益良多。

阿克伦大学名誉校长路易斯·普罗恩扎

图片来源：北京论坛（2009）

正是阿克伦让我们真正了解了唤醒睡美人的情感基础和社会动力。普罗恩扎为我们讲述了阿克伦如何从荣耀之地沦为鬼城，又如何重拾其荣耀。阿克伦地区曾一度是美国的工业重镇，地处纽约与芝加哥之间的战略要地，因而既是底特律汽车制造业供应链中的关键环节，又是许多美国产品极为重要的集散中心。这里是费尔斯通（Firestone）、固特异（Goodyear）、普利司通（Bridgestone）等世界轮胎巨头的大本营，同时也是该地区谷物运输的铁路枢纽。当地的谷物有相当大一部分存储在桂格燕麦公司（Quaker Oats）的筒仓中。

一位员工正在阿克伦的一家轮胎制造厂里工作（1945）

图片来源：盖蒂图片社/卡斯通（法国）

像我们描述过的其他智带一样，20世纪下半叶，俄亥俄州的一切都改变了。当时，几大轮胎公司极为强势，长期统治着整个行业，以至于它们开始与世隔绝，各自为政，故步自封。它们几乎毫不理会国外日益激烈的竞争，在通过自动化降低成本方面也作为甚少。等它们意识到威胁的时候，为时已晚。大部分供应链已经迁往国外，确切地说，迁往了墨西哥和中国。随着世纪之交的临近，阿克伦城受创日益严重。轮胎工厂被废弃，桂格燕麦公司的筒仓失去了原本的用处，货运列车也不再在此经停。

这些年来，阿克伦一直在苦苦挣扎。普罗恩扎告诉我们，用于发展的资金是有的，但驱动人们用这笔钱做事的力量却不足。他坦言："几乎没有人愿意承担风险，失败的记忆让人们一蹶不振。"[1]然而，与我们在德累斯顿看到的情况一样，阿克伦和扬斯敦地区仍有很多有才智、有技术的人，对其中许多人来说，如果风险在所难免，那么他们愿意承担风险。他们开始创办自己的公司，并且通常会依托自己多年来在橡胶和钢铁产业中练就的技术能力。

先是蹀蹀而行，旋即突飞猛进，就这样，俄亥俄东北部最终卷土重来。如今，这里的智带已是美国排名前五位的产业市场，有一万余家制造企业（其中 1/4 是出口企业）、390 万名员工。这一切得以开始是普罗恩扎的功劳，但真正让此地起死回生的是企业、教育机构、政府机关之间的智力共享，是突出而有价值的传统专长。这里的专长就是聚合物科学。

深耕某一学科往往会拓宽研究的视野（正如我们在奥尔巴尼所见，纳米技术的研究工作正在朝半导体领域发展，有助于该领域取得新突破）。阿克伦的聚合物研究已经拓展至更广阔的研究领域——由多种分子组成、呈现出各种形态的新材料，包括各种纤维、复合材料、涂层、粉末、液体、薄膜、晶体、塑料等等。这些新合成材料将会引发产品的变革，带来各种各样的应用，包括油漆、医疗设备、航空航天零部件等，如此种种，不一而足。伴随材料创新而来的是前沿研究中的新发现和新的制造工艺，尤其是3D打印技术。

阿克伦大学聚合物研究中心

图片来源：凯文·奎恩（Kevin Quinn）

本章中，我们将拜访四个智带，它们以不同的方式参与到材料研究中。阿克伦是美国的聚合物之都，专攻用于发电系统、医用敷贴及钢铁抗腐蚀涂层的材料。在北卡罗来纳州的三角研究园智带，材料研究活动与我们关注的三大领域中的另一领域——生命科学息息相关，那里正在研制的材料将应用于尖端纺织品、高效能源以及纳米医疗领域。在纳米医疗领域内，新材料可用于制造预防、治疗疾病的疫苗和药物。在瑞典南部的隆德–马尔默地区，移动通信领域的先驱爱立信公司停业后，当地失去了最大的企业，不得不转向材料研究领域。然而，当地采取的路线与其他智带大相径庭，它选择专攻一项设施（与卡洛耶罗斯在奥尔巴尼的做法如出一辙）——MAX IV粒子加速器。这是瑞典最浩大、最具雄心的研究项目。得益于此，研究人员将能开展史无前例的研究项目，探索材料、气体、表面、生物物质的特性及相互作用。此外，我们还将参观“欧洲的阿克伦”——荷兰东部地区。荷兰之于欧洲，恰如俄亥俄之于美国聚合物市场。阿克伦依靠橡胶轮胎制造业的悠久历史和专业知识树立起了自己的声誉。与此相似，荷兰在新材料领域依托的，一方面是当地在航空领域长期钻研积累下的经验；另一方面是壳牌、阿克苏、帝斯曼、陶氏化学等企业在战后积累下的专业知识。

我们会看到，在我们的日常生活中，智能新材料将无处不在。我们穿的衣服，我们乘坐的汽车、飞机，我们在医疗手术中替换的关节、移植的器官，甚至包括我们创造的艺术作品，所有这一切都会发生变化，而转变的根源正是在昔日橡胶之都、钢铁之都展开的智力共享活动。

俄亥俄州东北部智带：缔造阿克伦高分子谷

俄亥俄州东北部是锈带变智带的典范，阿克伦市中心的桂格燕麦大楼正是这段转型故事最生动的写照。曾几何时，这家业务兴隆的企业用这里连片的巨大筒仓贮存着燕麦，随时准备由铁路发往全国各地，此番光景持续了许多年。然而，随着企业迁离此地，留下的设施已于20世纪70年代陷入荒废，此后，地产开发商将它改造成了一家酒店。这正是我们访问期间下榻的地方，在我们访问后不久，筒仓就被再度改造，变成了阿克伦大学的学生宿舍。那里矗立着的筒仓，不仅以有形的方式提醒着人们往事，更标志着未来：桂格广场中心如今汇聚了各色商店、餐厅、写字楼、公寓，充满市井生活的气息。

和奥尔巴尼的情况相同，大学在唤醒阿克伦这位睡美人的过程中起着主导作用。但路易斯·普罗恩扎又与卡洛耶罗斯不同，后者只专注于纽约州立大学理工学院纳米技术中心，而普罗恩扎在考虑阿克伦大学的作用时，有着更广阔的思路。1999年普罗恩扎初到阿克伦大学时，他立誓要将该校变为地区重塑的主力，并当即着手制订了一份书面计划，他将计划命名为“阿克伦模式：大学作为经济增长的引擎”。[2]在计划中，他指出大学不应该是一座象牙塔，而应该是开放的知识资源，是公私实体间的联络者，大学有必要并且有条件成为所在地区的推动力量。阿克伦大学成功地扮演了这样的角色，并且与材料研究可谓天作之合：该校多年来一直是聚合物研究领域的领导者，培养了数以千计的科学家和工程师。其中许多人毕业后即进入大轮胎企业的研究实验室工作。由于这些实验室储备了大量人才，积累了丰富的专业知识，这些企业在转移制造业务时并未将它们关闭。因此，普罗恩扎很清楚，阿克伦地区具有雄厚的知识基础，其中大部分知识涉及轮胎制造中所用的材料：橡胶、合成材料、钢铁。人们需要做的只是再度唤醒这些宝贵的知识并另作他用，将其应用于那些 21 世纪迫切需要的适销产品。

目前，阿克伦大学的工学院和高分子科学与工程学院共有 120 名教职工、超过 700 位研究生和博士后，已经成长为美国最大的聚合物学术研究机构，同时也被公认为全球最重要的聚合物专业知识中心。两所学院的研究人员正致力于开发耐高温陶瓷、复合材料、新型金属合金等先进材料。这些材料正在改变汽车工业、航空航天工业乃至国防工业。

根据普罗恩扎的描述，阿克伦模式是“以大学为中心的”，然而，他的意思并不是大学必须掌控或领导所有的行动，他要表达的仅仅是这些活动和项目会以大学为中心向外辐射，并且其中往往涉及对知识的求索。奥斯汀生物创新研究所就是此类项目中的一例。该所由阿克伦大学、阿克伦儿童医院、第一能源公司（First Energy）、奈特基金会和苏马卫生系统（Summa Health System）合作创立于 2008 年，其宗旨是“集结最聪明、最具创造性思维的人才”以解决医疗问题，通过“结合创业精神与科技创新取得丰硕成果”。[3]

高级聚合物是奥斯汀生物创新研究所的重要研究课题，这种材料在医疗设备和生物医学领域有着极为重要的应用。这里进行的研究可能相当异想天开，例如发光涂料、自愈涂层以及能根据佩戴者胰岛素水平改变颜色的隐形眼镜材料。

此外，普罗恩扎也没有说以大学为中心的活动总是以阿克伦大学本身为中心。同样，位于阿克伦附近的肯特州立大学也有自己的聚合物研究项目。该校的格伦 · H. 布朗液晶研究所以液晶显示技术（LCD）发明者的名字命名，也是如今随处可见的液晶显示材料的诞生地，这种材料正越来越多地运用于高级材料和传感器中。俄亥俄州立大学位于阿克伦以西 150 英里（约 240 公里）处的哥伦布（Columbus），在那里，科学家同样也在进行聚合物的深入研究，他们重点关注的是聚合物与纳米技术之间的联系。[4] 俄亥俄州立大学莱特中心集结了 6 家教育机构和 60 余家企业合作伙伴（包括固特异、通用电气、波音、杜邦、巴特尔、本田），同时还在多家新公司的创建过程中起到了关键作用。[5]

随着这些项目中的研究工作开始以新知识的形式产出成果，普罗恩扎看到，以大学为中心的模式还需要一个元素：学术界与产业界之间的桥梁。不能理所应当地认为研究人员就该在研究出新材料后与企业开放共享知识，然后在前期投入转化为盈利产品时被冷落一旁，分毫不取。这种想法大有旧时代的痕迹，那时学者染指商业仍是一种禁忌。有鉴于此，普罗恩扎创立了一个独立的研究基金会，为州立大学的教授们提供了一个平台，让他们可以从自己的发明中取得经济收益。

在实施与阿克伦模式相似的各类计划时，州政府同样有所作为。2002 年，俄亥俄州州长鲍勃·塔夫脱（Bob Taft）斥资 21 亿美元发起了一项名为“俄亥俄第三前线”（Ohio’s Third Frontier）的计划，旨在“创造以新技术为基础的产品、企业、产业和就业岗位”。[6] 在当时，这是美国各州政府发起的同类计划中最大的一个。“第三前线”计划的宗旨于 2010 年进行了更新，致力于为俄亥俄州的科技企业提供资金支持，帮助它们联系大学及非营利研究机构。

在“第三前线”的资助下，阿克伦大学的两位教授弗兰克·哈里斯（Frank Harris）和程正迪（Stephen Cheng）创办了阿克伦聚合物系统公司（Akron Polymer Systems）。他们聘请到了 12 名博士和多位来自当地的科学家，这还要归功于阿克伦巨大的聚合物专业人才宝库。他们的任务是开发可弯曲液晶屏的特殊薄膜、太阳能电池以及医疗和航空航天领域都会用到的可弯曲液晶屏。他们的研究成果取得了经营许可，多年来销售额已达 10 亿美元。[7]

专注于材料领域的创业公司已经蔚然成风，阿克伦聚合物公司仅仅是这新生代中的一员。它们能从轮胎制造业的废墟中崛起，要感谢普罗恩扎富有远见的工作、重整旗鼓的研究活动、各种商机以及政府的支持。以阿克伦表面技术公司（Akron Surface Technologies）为例，这是一家创业公司，由坐拥 50 亿美元资产的制造商铁姆肯公司（Timken）[8] 和阿克伦大学合作创立。为了便于开展合作研究，铁姆肯公司将部分实验室搬到了大学校园里，双方在此共同研究抗腐蚀、传感器和涂层。如此布局兼顾了开放式知识共享和专有研究。铁姆肯公司保留了在特定领域（例如轴承领域）内的独家商业权利，但允许其他人在生物医学、航空航天等其他领域运用这些知识。

采取商业行动的并非只有创业公司和大轮胎企业留下来的实验室。阿克伦地区其他的大型老牌企业认为，它们也能从阿克伦模式中获益。总部位于阿克伦的高品质特种塑料生产商舒尔曼公司（A. Schulman）即为一例。尽管舒尔曼已在墨西哥、亚洲、欧洲等世界各地设有工厂，但它还是选择在阿克伦新建了一座塑料加工厂，就因为这里有以大学为中心的环境。舒尔曼公司董事会主席兼首席执行官约瑟夫 · M. 金戈（Joseph M.

Gingo）称“自家后院有一家顶尖的聚合物研究机构”，公司从中看到了巨大的价值。于是，舒尔曼公司从阿克伦大学招聘实习生，并雇用了大量该校毕业生，供职于阿克伦当地及世界各地的工厂。[9]

阿克伦大学工学院的乔治·哈里托斯（George Haritos）和阿贾伊·马哈詹（Ajay Mahajan）表示，俄亥俄州的企业从智力共享中受益良多，并且矢志不渝地坚守此道，现在它们正大范围地分享各自的知识。它们教给其他公司如何检测并减少污染，如何利用传感器来开发清洁能源，如何用聚合物生产燃料电池组件。

正如前文所述，钢铁行业是这种智力共享的受益者之一。阿克伦已经在利用聚合物领域的专业知识为当地的钢铁生产商研制抗腐蚀涂层，这些钢铁企业因此得以生产下一代性能更佳、抗锈蚀性更强的产品。新一代钢材还可以最大限度地减少轴承的磨损。这是一个鲜为人知的问题，一些分析师估计，每年由轴承磨损造成的经济损失可达美国GDP的1%。[10]

铁姆肯公司时任技术和运营副总裁汤姆·史汀生（Tom Stimson）始终对合作创新和智力共享充满热情，笃信不疑。他为我们讲述了铁肯姆公司和阿克伦大学的研究人员开展合作研究的过程。他们的研究目标是开发特殊聚合物基轴承涂层，这种涂层的抗磨损性和抗腐蚀性比普通涂层高40%。公司为此投资500万美元建立了铁姆肯表面处理实验室，这是一所与阿克伦大学合资共建的实验室。历经 18 个月的艰辛谈判，双方才就知识产权问题达成协议，但由此产生的解决方案正变为美国知识共享的典范。

抗腐蚀涂层是一个鲜为人知的领域，但阿克伦在此领域取得的突破却对许多行业都具有重要意义，其影响不仅限于汽车产业，从发胶、唇膏等个人护理产品到外科手术设备的抗菌表面，聚合物基涂层广泛应用于各种产品当中。这项研究具有的巨大商业价值，我们前文提到过的阿克伦大学独立研究基金已经开始将其变现。人工支架生产商波士顿科学公司（Boston Scientific）为获取该校在涂层方面取得的研究成果支付了 500 万美元，美国国防部也对这一领域非常感兴趣，赞助了该校的一个项目，以进一步开发抗腐蚀涂层。

未来之路：发挥俄亥俄州东北部独有的创新潜能

“俄亥俄的制造业还在运转。”扬斯敦企业孵化器的首席运营官芭芭拉·尤因（Barbara Ewing）如是说。那些未能由旧模式过渡到新模式的企业已经被甩在后面，而那些转型成功的企业已经变得更聪明，并且找到了新的成功之路。尤因说：“人们又变得乐观了，我们不再认为自己无力与中国人一较高下。”[11] 这印证了中国人自己对我们说过的话，也再次证实了这段旅程中我们在其他智带听到过的内容。奥尔巴尼的纳米技术研究中心和格罗方德证明了在半导体研究和制造方面输给亚洲只是暂时的；在北卡罗来纳州的三角研究园，科锐（Cree Inc.）这样的公司深信，LED领域的持续创新意味着照明领域的未来不在中国；通用电气、苹果、卡特彼勒（Caterpillar）这样的大公司也正在回迁部分业务。

从普罗恩扎提出阿克伦模式的构想算起，阿克伦已经活跃了15年，这段辉煌岁月取得的成果就是，俄亥俄州如今是公认的美国聚合物之都。在美国各州中，俄亥俄州是最大的聚合物和橡胶制品生产地、第二大塑料生产地，聚合物生产是这里的主导产业。[12] 同时，俄亥俄州也是公认的全球聚合物和特种化工行业领导者，拥有约1300家公司，员工超过8.8万人。

阿克伦有一个最大的优点，这就是它能敏锐地意识到，一个一度辉煌的工业区可能转眼间就会发现自己正面临着生存危机。同样重要的是，当地的高校管理者和政府官员已经认识到，借助智力共享，这种威胁是可以化解的，整个区域也可以成功转型。阿克伦可能永远都不会再体验到昔日世界轮胎之都享有的那种牢不可破的安全感和优越感了，在竞争异常激烈的当今世界，这无疑是件好事。然而，阿克伦人已经摆脱了汽车泡沫破裂后曾盛极一时的自我否定和风险规避之风。据普罗恩扎介绍，目前，阿克伦众多小型聚合物企业雇用的员工比大型轮胎企业鼎盛时期还多。

这不仅仅是一次觉醒，更是一次复兴。

三角研究园：围绕困境中的先行者形成的智带

当我们的飞机靠近北卡罗来纳州罗利–达勒姆国际机场时，映入眼帘的是一派苍松林立的田园风光。但真正吸引我们注意力的是这里的建成环境，特别是阳光照耀下的现代化航站楼，顶棚高耸，俨然一道气势惊人的大门，通往那些一度苦苦挣扎的城镇。这些城镇如今正演变为该地区的知识创新中心。

半个世纪以来，北卡罗来纳州皮德蒙特地区经历了翻天覆地的变化，谱写了一段与其他智带相似的故事，但这相似之中又有殊异之处。20 世纪 50 年代，北卡罗来纳州基本上还是一个农业州，在美国最穷的州中排名第三。它是城镇化锈带州的乡村版：就经济上的重要性而言，纺织、烟草、家具制造之于罗利–达勒姆–教堂山，恰如钢铁、汽车等重工业之于中西部地区。这些产业一如北方地区的经济支柱产业，面临着充满挑战的未来，不少已经开始衰败。州政府官员和商界人士明白，如果没有新的收入来源，当地的经济将有存亡之虞。北卡罗来纳大学化学教授威廉·利特尔（William Little）直言："过去我们相当墨守成规。"[13]

利特尔等人偶然间提出了一个惊人的新想法：创建美国

第一个完整意义上的科技园区。拟建的园区将依托本地三大高校的力量——杜克大学（达勒姆）的医疗保健专业、北卡罗来纳大学（教堂山）的教育专业、北卡罗来纳州立大学（罗利）的材料研究和农业研究——在一个以科研为基础的经济区内，建立起统一的研究社区。利特尔称，这样做的目的不是要“抛弃我们的传统产业”，而是要增进产业的多样性。

创建三角研究园是一项浩大的工程，需要各方的参与，其中包括三所高校、连续几任州长及其他州政府官员、银行家、投资者以及北卡罗来纳州内外的企业和房地产开发商。研究园并没有立即出现在达勒姆那块 7000 英亩（约 2833 公顷）的土地上。乔治·辛普森（George Simpson）回忆道：“一开始，我们还只是虚张声势。”他是三角研究园委员会首任主任，也被普遍视为研究园的灵魂人物。辛普森和追随他的同事走访了 200 余家公司，以争取它们的支持，鼓励它们参与进来。四处走访时，他们会带着一本宣传册一样的东西，上面三所高校标志性的钟楼图案为它罩上了一层诱人的常青藤盟校光环。[14]

研究园的招租过程持续了十余年。随着租户的增加，园区声名日盛，博得了一些美国顶尖企业的关注。1965 年，三角研究园取得了一项重大突破，IBM决定在此投资建厂，生产最新推出的System/360 大型计算机。“蓝色巨人”（IBM绰号）认真考量过工厂的选址，提出了非常严苛的要求：实力雄厚的大学；高品质的生活；政府、学术界、企业之间良好的协作关系；勤劳的职工；不参加工会的工人。三角研究园提供了这一切，于是IBM决定在此扎根。System/360 取得了巨大的成功，这至少在一定程度上归功于IBM在北卡罗来纳的业务。同时，System/360 的成功也为此项投资正了名，《财富》杂志[15]就曾将其称为一场“50 亿美元的豪赌”。对有些人来说，冒险看起来纯粹就是赌博，但IBM看到了三角研究园的潜力，做出了明智的选择——此举与数十年后通用电气在贝茨维尔（Batesville）做出的明智决断颇为相似。

IBM投身三角研究园所产生的影响远不止其计算机系统取得的成功。此举开辟了通向未来智力共享的道路，对企业、政府以及以往封闭孤立的学术研究机构来说，这是一种新的合作方式；同时，此举也在美国正式确立了研究园区这一概念。

研究集群不同于智力共享生态系统

三角研究园如今已不再垄断罗利–达勒姆地区的创新活动。郊区的景致、郁郁芊芊的草木、与世隔绝的环境，这些东西在五六十年代足以吸引来最优秀的人才，但在今天，它们并不能吸引到年轻的研究者。如我们所见，年轻的研究者如今更喜欢热闹的城市氛围、开放的工作空间、小餐馆和咖啡馆，这样的环境可以促进日常交际活动，方便开放式合作创新。

翻修前的美国烟草园区

图片来源：本·凯西（Ben Casey）

罗利–达勒姆地区让人感兴趣的地方在于，智力共享环境兴起之地就在三角研究园附近，包括罗利的百年纪念校园和达勒姆的一些场所、设施。2010 年，距三角研究园仅数里之遥的好彩香烟厂旧址重新开放，变为美国烟草园区的一部分。整个园区占地 100 万平方英尺（约 92 900 平方米），被美国烟草公司称为北卡罗来纳州“有史以来最具雄心、规模最大、影响最深远的历史遗迹保护和改造项目”。[16] 杜克大学校长理查德·布劳德海德（Richard Brodhead）说："现在，那里才是施展拳脚的地方。"[17]

焕然一新的美国烟草园区

图片来源：美国烟草公司

然而，三角研究园的管理层也非常清楚这种由新创新方式引领的文化转向，他们正在努力提升园区环境，以便园区能与周边新的活动密集带互通并从中受益。三角研究园中的许多企业都在投资材料研究。举例来说，我们拜会了LED半导体制造商科锐公司（Cree）的首席执行官查克·史沃博达（Chuck Swoboda），这是一个精瘦结实、热情开朗的男人。史沃博达从1993年公司上市起就一直在此任职，他办公的总部办公室就在公司生产与研发基地隔壁。史沃博达称，获取新知识在科锐是头等要事，公司之所以会选址在北卡罗来纳州附近，就是因为这里的研究人员专注于LED关键制造材料的发展。[18]

从早期率先在世界上推出蓝色激光开始，科锐公司走过了一段漫长的道路。当时，大多数研究者认为使用LED照明的想法太过疯狂。但随后，产品开发中出现了意外的突破口。时任大众公司首席执行官费迪南德·皮耶希（Ferdinand Piëch）的妻子厄休拉·皮耶希（Ursula Piëch）在匆匆一瞥间，看到了蓝光LED，发现了那灯光的迷人之处。不久后，蓝光LED就装点在了新款大众甲壳虫汽车的仪表盘上。

当时，北卡罗来纳地区的企业界已经具备了雄厚的实力，但没有三所创始成员大学以及其他附近教育机构的共同参与，这里绝不会成为智带。

以北卡罗来纳州立大学为例，该校拥有全美第四大的工学院，[19]同时还设有顶尖的纺织品专业。纺织品是世界上最古老的材料之一，也是一种极具发展前景的材料。但在纺织品制造商迁离这一地区后，其他大学大多放弃了这一学科。北卡罗来纳州立大学的工学院和管理学院还依托学校的百年纪念校园提供了一项创业联合培养项目。百年纪念校园身兼大学校园、工业园区、研究设施、企业孵化器等多项功能，是三角研究园的升级强化版。

在促成高校、创业公司、研究型公司的合作（通常是同地合作）方面，斯坦福和麻省理工遥遥领先。尽管如此，百年纪念校园是唯一一个由州立大学主导的此类项目。北卡罗来纳州立大学校长兰迪·伍德森（Randy Woodson）在谈到百年纪念校园时说："这里是真正适合生活、学习、娱乐的环境"，园区内有多达64家企业。"你可以早上去上课，在世界一流的图书馆里自习，下午去实习，毕业后找一家公司工作，完全不必走出校园。"[20]

不仅有许多企业迁入百年纪念校园，还有些企业就是在这里诞生的。材料是这里的主要研究热点。以匙花公司（Spoonflower）为例，公司创建于园区的一栋宿舍楼内，这栋宿舍楼被昵称为"车库"，以此致敬美国创业者最青睐的创业地点。我们认为匙花公司最值得关注的地方在于，它和许多智带企业一样，依托的是该地区的某项传统优势，具体而言，它依靠的是纺织业。公司生产的产品由客户自行设计的墙纸、织物和礼物包装。

然而，更多的活动还是关于不太熟悉的材料的。以百年纪念校园内的非织造研究所为例，该所重点开发的是足以令人吃惊的先进新材料。这些材料通常具有独特的性质：抗菌；可滤除紫外线；耐化学品（包括用于武器的化学品）；耐热。从尿不湿到防护服，所有这一切都会受此研究影响。恒适（Hanes）等大型纺织公司和军方都对这里的研究抱有很大兴趣。该所研究成果卓著，名声显赫，以至于总部位于斯图加特的曼胡默尔集团（Mann+Hummel）在2013年将旗下的过滤技术研发中心搬到了百年纪念校园内。

从研究设施到各种餐馆，百年纪念校园不仅为企业提供了智带环境的一切好处，它还有一些新特色。百年纪念校园 1/4 的科研经费来自企业，远高于美国主要研究大学平均 5% 的比例。作为回报，投资者有机会接触到开拓性的研究项目，还可以取得对项目中产生的创新成果进行商业化的权利。为使上述过程顺利进行，北卡罗来纳州立大学制定了一份标准合同，企业因此可以不必再就每一笔交易协商新的协议。[21] 合同中明确规定，企业实体将保留创新成果商业化的全部权利，但是知识产权价值一旦超过 2000 万美元这一临界值，公司就需要付给大学一定的费用。这样的协约避免了繁文缛节，节省了时间，确保了合作关系的一致性，实现了由研究成果到热门技术、适销产品的转化过程。

如今，这一地区正发展为成熟的智带，这里有百年纪念校园，有尖端制造设施，有全州教育机构组成的各类协会，还有好彩香烟厂这类改造过的废弃设施。原来的三角研究园也随之发生了变化。园区内的 5 个孵化器培育出了 80 家创业公司和早期公司，其中超过四成企业只有不到 10 名雇员。三角研究园总裁鲍勃 · 乔勒斯 [Bob Geolas，即 Robert Geolas（罗伯特 · 乔勒斯）] 从这些企业身上看到了研究园的未来。其中有些公司有一个显著的新特征：生产规模小，所需资金少。前 IBM 制造业务负责人迪克 · 多尔蒂 [Dick Daugherty，即 Richard Daugherty（理查德 · 多尔蒂）] 将其称为由年轻企业主导的“手工艺作坊式制造业”，这些企业仅雇用少量员工，根据需求生产小批量、高质量的零部件。

三角研究园总裁兼首席执行官鲍勃·乔勒斯

图片来源：三角研究园

总而言之，三角研究园的当前目标是，比重新利用传统制造工厂的残迹更进一步，创造一种全新的模式，将学术界、国际商务、纳米产业、政府、社会工程等诸多要素统统收纳于当地的环境中。这里依旧以群山起伏的风光而闻名，但更有名的是，这里有智力共享。乔勒斯说：“要想让这里活力永驻，持续吸引勇于创新的青年才俊，我们就要坚持高度合作，做到独一无二、值得信赖，还要能激发人们的创造力。”[22] 做到了这些，当地就可以在数十年来积累的知识（多数与材料科学相关）的基础上再接再厉，将这些知识投入到未来的应用当中。

瑞典隆德和马尔默：世界一流工具助阵材料研究

每个锈带都需要一位联络者，他们或动之以情，或晓之以理，最终促成了锈带的转型。阿克伦有路易斯·普罗恩扎，隆德和马尔默则有尼尔斯·赫耶尔（Nils Hörjel）。20 世纪 80 年代早期，瑞典正经历经济衰退。赫耶尔当时是瑞典南部地区的一位省长，他确信，造船业等重工业走向衰落的同时，整个地区也会随之沦为锈带。

远在斯德哥尔摩的政府各部部长试图采用传统的凯恩斯主义政策措施来解决这场全国性的经济危机，与此相反，赫耶尔思路一转，为他治下的城市描绘了另一种未来。他所构想的新经济结构有两大支柱：一是计算机和电子产业，二是化学和生物技术学科，这两项如今依然是隆德大学的重点研究领域。

赫耶尔认为，第一步是要建立一座科技园，营利性企业可以在此与非营利性大学的研究人员合作。按赫耶尔的构想，科技园将激励、扶持研究创新和商业创新，最终为当地塑造出新一代大规模知识型产业。赫耶尔在为商界人士和学者牵线方面起到了良好的作用，以前的同事形容他是一位非典型政治家——既是公务员又是企业家。[23] 他是爱立信等多家瑞典公司的董事会成员，因此，他在公私经济部门都建有广泛的人际关系网络，是一位成功的联络者。

瑞典马尔默考库姆造船厂中一艘在建的油轮（1961）

图片来源：盖蒂图片社/温菲尔德·帕克斯（Winfield Parks）

赫耶尔为科技园选中了一个既靠近大学又方便企业的好位置，但这片区域早已被划为居民住宅区。于是，他与隆德地方政府共同努力，改变了这片区域的指定用途，随后又获得了宜家（IKEA）创始人英格瓦·坎普拉德（Ingvar Kamprad）的资金支持，买下了这块土地。接下来，赫耶尔召集了多位当地建筑公司和地产开发公司——其中不乏互为竞争对手的企业的领导，赫耶尔与他们展开合作，组成了企业联盟，共同开发园区。

赫耶尔与当地的商界领袖商讨了园区内活动的商业重点应该是什么，是芯片，还是医疗设备？赫耶尔与一位出身瑞典望族瓦伦贝里家族的爱立信董事会成员非常熟悉。在一场在其家族城堡中举办的董事会晚宴上，瓦伦贝里在董事会同僚面前提出了有力的理据，指出隆德的产业重点应该是移动电话，并且爱立信急需年纪轻、有技术的工程师，因此应该把公司的研究中心落户在赫耶尔正在开发的新科技园中。这样，爱立信也许能及早进入市场，取得领导地位。

短短两年时间，科技园（现名为“易得用”）就取得了成功。和北卡罗来纳州的三角研究园一样，科技园的诞生是多方共同努力的结果，涉及开发商、企业家、当地政治家、知名企业以及附近的大学。隆德大学或许只能算是一所地方院校，但它是斯堪的纳维亚地区最大的大学，拥有 48 000 名学生，占隆德城市人口的一半。该校是世界百强研究型大学之一，翻开学校的创新史，超声诊断、人工肾脏、蓝牙技术、尼古丁药物力克雷（Nicorette）等赫然在列。

爱立信首席技术官马茨·林多夫（Mats Lindoff）是爱立信易得用科技园团队的早期成员。当时，林多夫的上司尼尔斯·鲁贝克（Niels Rubeck）给他看了一部手机原型机，告诉林多夫，他们的任务就是要把这部笨重的原型机从“大如砖块”变到“小如火柴盒”。随着项目势头日盛，爱立信每周要招聘多达 20

位工程师，先是从瑞典招，后来又从世界各地招。在研发活动的巅峰时期，爱立信雇有4000位工程师。爱立信与隆德大学的科学家有着密切的合作，其中著名无线电技术专家斯文·奥洛夫·厄尔维克（Sven Olof Orvik）院士为爱立信做出的贡献尤为突出。他和他的得意门生们在科研过程中解决了多项最棘手的技术难题，这些学生一毕业就加入了爱立信的实验室。

在爱立信手机研发活动的带动下，隆德及周边地区形成了一个由合作商和供应商组成的广泛的生态系统。爱立信每雇用一位研发工程师，就会相应地有十几位工程师在附近的供应商或其他移动技术公司工作。由于对手机的需求激增，爱立信力图将产量提升至年产100万部。然而，即使有高度自动化的生产线，公司仍然无法达到生产目标。公司考察了从中国进行采购的能力，随即发现，在那里公司可以以更低的价格生产出质量更好、可靠性更高的手机。于是，从1999年起，爱立信开始在中国进行生产。虽然此举能使公司迅速提高产量，但它有一个严重的缺点：它将工程设计从制造中分了出来。由于各学科独立运作，泾渭分明，爱立信无法从多学科的合作中受益。因此，当智能手机开始兴起时，爱立信的工程师否决了涉足这块市场的主张，因为他们看到有太多的技术壁垒摆在面前。林多夫说："因为过多地从工程设计角度进行考虑，我们丧失了在手机领域的主导权。"[24]

接下来的事已经载入史册。2007年，苹果公司推出了

iPhone（苹果智能手机），而到 2009 年，爱立信移动事业部已经归入索尼旗下。不过，正如我们在其他智带所看到的，由于隆德拥有强大的研究专长，索尼保留了爱立信在易得用科技园的研究中心，目前仍有 2500 名工程师在那里工作。

隆德智带的成员开始考虑采取新的举措。赫耶尔一开始就提出过新经济结构的两大支柱：电子与计算机科学、化学与生物技术。从全球来看，生物技术的前景一片光明，因此，它们决定将努力的方向重新聚焦于生命科学。

2014 年，阿斯利康公司（AstraZeneca）整合了旗下的研究部门，将研发人员由隆德迁往哥德堡（Göteborg），腾空了紧邻易得用科技园的研究基地——医药村（Medicon Village）。隆德和瑞典、丹麦的参与者联手，在这里启动了新的生命科学项目——医药谷（Medicon Valley）。如今，谷内已有多家领先的制药企业，其中包括：全球糖尿病研究领导者、斯堪的纳维亚地区最大的制药企业丹麦诺和诺德公司（Novo Nordisk），巴沃温特公司（BioInvent），从事免疫类药物开发的活性生物技术公司（Active Biotech），卡穆鲁斯公司（Camurus），著名医疗器械制造商金宝公司（Gambro）也在这里。此外，谷内还有数百家其他小型生物技术创业公司，这些创业公司有望使医药谷成为世界一流的生物技术园区。谷内目前有 4 万名工作人员，分别占丹麦、瑞典两国生命科学从业人员的 90% 和 20%。即便生命科学领域内的风险回报率不容乐观，他们仍愿意奋力一搏。进入临床试验阶段的药物只有 1/15 能取得成功，其中能在市场上热销的更是极少。

易得用科技园接纳、孕育的企业涉及多个科技产业，包括清洁技术、软件、新材料、电信和生命科学。科技园孵化器负责人里卡德·莫塞尔（Richard Mosell）是一位专利律师，也是一位发明家的儿子，他对我们说："创新大多出现在交叉领域。我们在易得用创造的环境可以让工程师与创新人才和创业者进行交流。"莫塞尔表示，造船、轮胎等锈带产业的研发过程中存在严格的等级制度，智力共享过程与此截然不同，"它更像是在拍一部电影"。[25]

智力共享还催生了一个了不起的项目，一个你可能只有在电影里才能见到的项目——耗资 3 亿美元的Max IV粒子加速器。Max IV粒子加速器呈环形结构，大小与体育场相当，看上去绝对是瑞典有史以来最大的研究项目，事实上也是如此。Max IV很可能会引起世界粒子研究重心的转移。它的用户不仅包括大学教授，还包括那些从事新材料研究、希望研究纳米级分子的企业。据负责管理加速器与企业用户关系的化学家卡塔琳娜·诺伦（Katarina Noren）介绍，Max IV"胜过几乎所有"美国、欧洲、日本最先进的加速器。[26]

这台超级先进的设备内部是如何工作的？诺伦解释道："我们提供的东西是光。我们将电子加速至接近光速，利用磁场引导电子沿圆形轨道穿过狭窄的管道，进而发出光。这种光的光强是普通日光的1000倍。”Max IV可以产生从紫外线到红外线光谱内的所有光，科学家可以借此研究各种气体、表面和生物材料。研究人员可以探索原子和分子混合在一起时彼此间如何相互作用，他们甚至可以微调它们的结构，以产生具有特殊性能的新材料。诺伦称：“Max IV将成为在纳米水平进行新材料研究的标准方式。”

你可能会猜想，在这样的设施中取得的知识会被赞助它的企业小心翼翼地保护起来，就像旧日里的研发活动一样，大家大门紧闭，遮遮掩掩。然而，面对Max IV，企业有两个选择：如果它们同意分享从实验中获取的知识，那么它们就可以免费使用设施；不同意则必须付费。但有些类型的研究，非如此口径的加速器绝不可能完成，企业很可能会乐于为这种项目支付一大笔费用，而这笔钱将会用于支付管理费用、改善设施，反过来惠及所有用户。

荷兰：煤矿区的重生

荷兰南部的煤矿区是一位典型的睡美人，她正在寻觅一位能释放其潜能的王子。20世纪60年代初期，荷兰北部地区发现了欧洲储量最大的天然气田，随后，政府关闭了煤矿区。最初，矿区的关闭被视为一场灾难，尤其是从就业上看，因为煤矿的所有者帝斯曼是当地最大的雇主。然而，帝斯曼转向了生产基础化学品，生产基地就位于废弃的矿区附近，在很多年里为该地区提供了很多就业岗位。但到90年代，帝斯曼决定再次转型，此次转为生产维生素和生物基材料。工会和地方政府担心这位当地最重要的雇主如今将要离去，就业岗位也会随之一去不返。但2007年出任帝斯曼首席执行官的谢白曼（Feike Sijbesma）让所有相关人士相信，他的公司不仅将留在当地，而且会在这里发挥更大的作用。如何做到这点？谢白曼提出要建立一个研究园区，各公司及研究人员可以在此推动生物基材料领域的发展，并且园区的选址就在帝斯曼原来的化工生产基地上，靠近马斯特里赫特市（Maastricht）。

长期以来，荷兰在新材料开发领域一直处于领导地位。近一个世纪以前，荷兰政府就成立了国家航空航天实验室[27]，以便与两位合作伙伴共同开展研究。这两位伙伴分别是荷兰皇家航空公司（Royal Dutch Airlines）和福克公司（Fokker），前者是全世界最早的商业航空公司之一，后者是飞机制造业的先驱。它们的研究目标是提高飞机的效率和可靠性，而对此影响最大的因素就是飞机材料的性能。20世纪80年代，材料研究的焦点是合成纤维。荷兰的两家化工企业——阿克苏和帝斯曼分别推出了特瓦纶（Twaron）和迪尼玛（Dyneema），这两种材料与杜邦公司研制的凯芙拉（Kevlar）相似，但更为牢固。这些纤维已成为汽车和航空航天产业普遍使用的热固性复合材料的关键成分。

自20世纪90年末代以来，谢白曼一直是南方地区的联络者。他最大的贡献在于消除了各工会和各地地方政府普遍持有的怀疑态度。他总是在思考如何解决问题，而不是只想着问题本身。因此，他能够创造条件，最终将马斯特里赫特大学、地方政府和他所在的公司聚到一起，形成平等的伙伴关系，继而在研究园区中展开合作，聚焦生物基材料研究。开放式创新已经成为它们的口号，在原化工生产基地上兴建起来的园区也被命名为“切梅洛特”。“切梅洛特”（Chemelot）一词由chemical（化学的）和Camelot（卡梅洛特）两词组成，后者是传说中亚瑟王和他的骑士们所在的城市。

最终，有超过50家公司搬入了切梅洛特，创造了超过1100个高质量的就业机会。这些公司中包括由壳牌石油公司分立出来的阿凡田公司（Avantium）。[28] 该公司专门从事催化剂研究，服务对象包括英国石油、壳牌、帝斯曼、可口可乐等企业。阿凡田的研究人员凭借催化剂方面的知识，发现了如何使用PEF（聚乙烯呋喃酸酯，一种植物基可再生材料）替代目前塑料瓶普遍使用的PET（聚对苯二甲酸乙二醇酯）。2012年，阿凡田在可口可乐、达能（Danone）、阿普拉（ALPLA，一家奥地利包装企业）等合作伙伴的支持下，在切梅洛特园区内建起了试点工厂，随后，商业生产设施也于2015年开建。

同样位于切梅洛特的QTIS/e是一家创业公司，定位是开发卫生保健领域的新材料。[29] 公司的两位生物工程师——米丽娅姆·鲁本斯（Mirjam Rubbens）和马丁·科克斯（Martijn Cox）——正在进行一项关于活体心脏瓣膜的突破性研究。他们与材料专家密切合作，开发出了一种可生物降解聚合物，并取得了相关专利。这种聚合物可以与健康的人体细胞融合，制造出新的血管和瓣膜组织。新组织会逐步接替原身体组织的机能，聚合物则逐渐溶解。这项成果有一个巨大的优势：患有先天心脏缺陷的幼儿（每年仅在欧洲就有 4000 例）可以仅用一次手术就解决问题，而不必像使用其他塑料心脏瓣膜一样，需要两到三次手术。新技术已经通过了动物测试，并且已有 10 位人类患者成功接受了治疗。科克斯现在是公司的首席科学家，他表示，2016 年将有更多心脏病患者接受临床测试。他说："如果这些测试取得成功，瓣膜将于 2018 年开始投入市场。"[30]

地方政府、大学、私营企业之间的合作是切梅洛特出现并取得成功的关键因素。近年来，马斯特里赫特大学先后将一些硕士专业开设在切梅洛特，并且研究和教学都在与园区内企业的紧密合作中进行。十年间，切梅洛特得到了慷慨的资助，还从财力雄厚的林堡省（荷兰）取得了 6 亿欧元的投资，已足以吸引顶尖人才。彼得·彼得斯（Peter Peters）教授就是其中一位。他原本就职于阿姆斯特丹自由大学和著名的安东尼·范·列文虎克（AVL）肿瘤医院。后来为了主持新成立的纳米显微研究所，他从阿姆斯特丹搬到了马斯特里赫特。彼得斯和他的团队将探索癌症和某些传染病是如何产生的。在帝斯曼的资金支持下，他们在工作中将用到专门的显微镜。[31] 另一位学术大家克莱门斯·范布利特尔斯瑞克（Clemens van Blitterswijk）——被称为荷兰最有企业家精神的教授——也携其团队离开特文特大学来到了马斯特里赫特大学。该团队由 20 名研究人员组成，专攻组织工程学。[32] 他们利用干细胞来创造可以重建组织、修复骨骼的智能材料。除了自己的研究项目，范布利特尔斯瑞克还有一个目标，那就是与帝斯曼和其他切梅洛特的企业紧密合作，共同创造一个“衍生公司池”。

从纺织品到热塑性塑料

正如我们所见，俄亥俄州的聚合物研究并没有止步于阿克伦地区，而是经由该地区向外扩散，在不同地区、不同机构间形成了紧密的联系。荷兰也是如此。除了南部原矿区的锈带，荷兰东部与德国交界地区的特文特（Twente）也进行了大量材料生产活动。特文特的纺织业曾辉煌过上百年，但与马斯特里赫特的遭遇相同，20 世纪六七十年代，南欧国家廉价劳动力带来的竞争对当地就业造成了灾难性的影响。位于特文特的昙卡（TenCate）公司一直致力于制造热固性复合材料，但这种材料难以制造且不可回收。经过十多年的努力，一位昙卡的工程师取得了一种新加工工艺的专利，这种工艺可用于生产一种名为“Cetex”的材料，这是一种柔韧性更好的热塑性复合材料，可以轻易地加工成各种形状。

Cetex的生产工艺与之前的热塑性塑料相似，都是基于该领域内长期采用的传统织造方法。第一步是将极细的合成纤维编织在一起。昙卡公司首席执行官勒克·德弗里斯（Loek de Vries）解释说，编织细丝而不出现断裂是一门艺术。[33] 凭借织造方面的专长，他们创造出了强韧、高度耐冲击的热塑性材料。不仅如此，通过喷涂一种专利涂层，这种材料还可以做到防潮、防火。

昙卡将Cetex的应用领域锁定在三个全球性利基市场上：国防和安全、汽车和航空航天、人造草皮（美式足球和英式足球的运动场地以及中东等炎热地区的公共草坪）。昙卡如今已在人造草皮领域处于世界领先地位，公司还在继续与合作伙伴共同努力，以使材料更柔韧、更坚固耐用、更安全。

昙卡已凭其热塑性塑料在航空航天零部件市场占据了有利位置。航空航天零部件要求材料必须能在极端条件下工作，一旦出现故障，可能会引起灾难。材料必须能承受−55℃~45℃的大范围温度波动。在极端寒冷的条件下，纤维不能变得太脆弱以致断裂或粉碎；而在高温条件下，材料又不能变得过于柔软或者达到熔点。材料还必须能承受飞行器在起飞、降落、颠簸中经受的强烈外力。

昙卡一直在工作中与客户保持智力共享关系，荷兰福克公司就是其中一位。1996 年，福克公司经历了破产，随后公司变为一家零部件企业，专攻机身、机翼部件和起落架。[34] 福克公司首席技术官维姆·帕斯特宁（Wim Pasteuning）向我们解释了他们在产品所用热塑性塑料的研究中与昙卡进行合作的重要性。他们要求昙卡对材料进行频繁地测试，以取得在航空航天领域应用所需的认证。帕斯特宁对我们说："即便他们知道我们的订货数量不会太多，他们还是准备这么做。"[35] 而在昙卡公司看来，此举可以改善它们的产品，使其达到最高标准，同时还可以逐步扩大公司的商业活动范围，以便进军利润颇丰的汽车市场。

多年来，昙卡和福克还与国家航空航天实验室以及代尔夫特（Delft）、特文特两地的理工院校保持着密切合作。2009 年，上述合作伙伴与波音公司在热塑性复合材料研究中心展开了智力共享，该中心位于特文特大学校园内，就在昙卡公司总部附近。

目前，昙卡正凭借其航空航天材料方面的专长，将热塑性塑料的应用领域扩展至汽车产业。2013 年，昙卡与瑞士汽车零部件生产商克林格兰（Kringlan）签署了合作协议，共同生产汽车轮毂等模塑复合材料部件。德国汽车制造商宝马公司早在 2011 年就购入了克利夫兰 17.5% 的股份。宝马公司希望能以更轻便的复合材料代替钢制轮毂，而克林格兰是第一家能量产复合材料轮毂的公司。复合材料轮毂将比钢制轮毂轻 30%~40%，因而将降低油耗、减少二氧化碳排放。

昙卡与克林格兰分别分享了自身的材料专长和制造技术，再结合双方在汽车产业和航空航天产业的丰富知识，必定有助于制造新一代更安全、更节能的汽车和飞机。

THE SMARTEST PLACES ON EARTH

第四章

蓝领和白大褂

医疗设备产业和生命科学产业的跨界合作

并不是每个智带都由锈带转变而来，也并不是每段故事中的灵魂人物都契合联络者的形象，像阿兰·卡洛耶罗斯或北卡罗来纳和马尔默的执政者一样，卓尔不群，一身传奇色彩。以明尼阿波利斯（Minneapolis）为例，当地最为显要的是大型企业美敦力（Medtronic）。这里没有人独担联络者的角色，倒是有几位医生、研究员、企业家和风险投资家。他们是各类人才中的领军人物，在他们的努力下，明尼阿波利斯–圣保罗地区成为以医疗设备为重点的生命科学智带。

长期以来，明尼阿波利斯一直是美国医疗保健产业的中心，这在很大程度上要归功于一位关键人物（如果说他不是完整意义上的联络者）——克拉伦斯·沃尔顿·李拉海（C. Walton Lillehei，1918—1999），一位独行其是又善于自我推销的医生。他是一位杰出的外科医生、一位才华横溢的明尼苏达大学教师，更是心脏直视手术技术、设备的开拓者，在针对先天性缺陷患儿的手术方面贡献尤多。[1] 换言之，他是一位多面手：医生、学者、创业者。但他并不完全是构建生态系统的具体实施者——这些人后来才会出现。（李拉海还以“骄奢的生活”以及与美国国税局的纠纷而闻名，这些细节使他的人物形象更加丰满，但与我们的故事不太相关。）

20 世纪 50 年代，心脏手术需要依赖一种笨重的电动设备来维持手术期间病人的心跳。1958 年的一天，正当李拉海在为一个孩子手术时，医院停电了。设备停转，病人的心脏停止了跳动，最终孩子死在了手术台上。

李拉海不想让这样的悲剧再次发生。恰逢他手下的一名护士嫁给了一位名叫厄尔·巴肯（Earl Bakken）的电气工程师。巴肯经营着一家公司，专门为明尼苏达大学医院修理医疗设备。于是，李拉海请巴肯设计一种由电池供电的小型便携设备，以此替代由电力驱动又不便移动的旧设备，这种旧设备正是让那位年轻病人殒命的罪魁祸首。巴肯根据李拉海在餐巾纸上勾勒的草图，对一种节拍器（可以帮助学音乐的学生保持稳定节拍的机器）的构造进行了改造，做出了机器原型。当时美国食品药品监督管理局的时代尚未到来，因此，李拉海不必受到限制，第二天便拿着小工具做起了测试，测试效果很好。在对设备进行了多番改进，并让持怀疑态度的外科医生相信其工作效率和可靠性之后，这种最终设备成了美敦力的拳头产品。如今的美敦力已经是世界领先的心脏起搏器品牌。

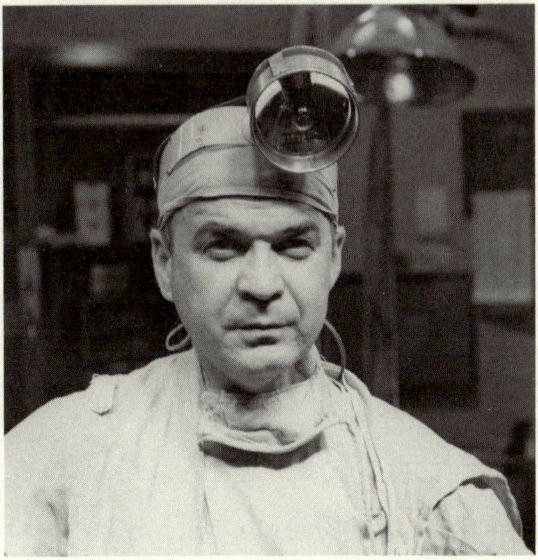

“心脏直视手术之父”李拉海医生

图片来源：明尼苏达大学李拉海研究所

在李拉海创新成就的鼓舞下，当地建起了由医生、科学家、医院、大学构成的网络，正是这个网络将明尼阿波利斯塑造成了以医疗设备为核心的生命科学产业中心。

生命科学是智力共享活动中最前沿、发展最迅速的领域，包括生物科学、生物技术、生物医学和医疗设备。生物技术领域的探索活动最早可追溯至公元前7000年左右的啤酒发酵，但“生物技术”（biotechnology）一词直到1919年才由匈牙利工程师卡罗伊·埃赖基（Károly Ereky）提出。他认为，发酵工艺可用于开发包括药品在内的多种产品。[2] 确实如此。20世纪40年代，发酵工艺不仅为我们带来了类固醇和激素，还给我们带来了青霉素。多年来，青霉素拯救了数百万人的生命，并为各制药公司贡献了数十亿美元的收入和利润。

自此，我们目睹了生物技术多年以来取得的巨大进展和突破。20世纪60年代，在分子生物学研究[3]的推动下，终于相继出现了一批生物技术公司，例如基因泰克（Genentch）、百健（Biogen）、安进（Amgen）等。从90年代起，人类基因图谱绘制工作和免疫疗法取得的进展促进了新药物的开发，尤其是癌症治疗药物的发展。[4] 研究还在继续深入，向克隆、干细胞、基因修饰发展。在过去的10年里，计算科学和数据分析已经成为生命科学研究和产品开发的重要组成部分。

针对霍乱、肺结核、疟疾、性病、艾滋病等诸多传染性疾病，我们在20世纪已经取得了巨大进展，开发出了许多治疗手段。因此，当今世界最大的健康难题应该是慢性疾病——癌症、糖尿病、心脏病、中风、肥胖。死于这些疾病的人数占全球死亡总数的60%以上，用于治疗这些疾病的费用占医疗支出的75%以上。[5] 该领域的新产品、新技术开发要依赖智力共享，临床研究费用之高、过程之复杂、涉及学科之多，令任何一个参与者都无力独自开展研究——和我们在芯片、传感器和新材料领域看到的情况如出一辙。大型制药和生命科学企业已经削减了自己的研究活动，尤其是在新领域和风险较大的领域，它们宁愿把重点放在少数几个更有信心的项目上。但它们仍需要能够创造新知识的研究，因此，它们越来越多地通过购买取得研发中的“研”，同时又与创业公司保持着密切合作。这些创业公司的创始人通常是探索奇思异想的教授和学生。这样的小公司往往缺少足够的人才（尤其是管理人才）、必要的技术或充裕的资金，因而无力开展它们想要做的研究。于是，它们会反过来寻求与大企业合作，以便获取开发过程所需的资金，同时与大企业共同管理一个概念从早期实验阶段到落实为适销对路产品的全过程。大企业有时会入股或直接收购较小的合作伙伴。

眼下生命科学领域最激动人心的活动中，有些就出现在医疗设备行业，如今这已是一个总值3000亿美元的产业。这些设备将引起医疗规范和医疗程序的重大变革。传感器将收集比以往更为有用的医疗数据，进而排除诊断中大部分的猜测成分。此外，传感器还能监测药物和治疗措施的效果。外科医生将会依靠可植入的一次性传感器来准确定位并监测植入物。

内嵌传感器的可穿戴设备，例如手表、衣服、臂章，将会监控、追踪各种身体器官及身体机能，分析其性能，提供健康警报。正如便携式心脏起搏器取代了手术室中的机器，这些体积小、不显眼的可穿戴设备将取代以往只有医生诊室和医院病房才有的独立检测设备。它们可以向你的医疗保健服务提供商、设备制造商、监管机构无线传输大量数据。（安全和隐私问题现正处于热议之中。）强生公司首席执行官亚历克斯·戈尔斯基（Alex Gorsky）告诉我们："不久后，所有的医疗设备都将能收集实时信息，哑巴产品的时代已经过去，远程医疗的时代即将到来。"[6]

本章中，我们将会前往：世界心脏起搏器之都明尼阿波利斯；俄勒冈州的波特兰，那里是大数据的天下；瑞士的苏黎世，那里有一座非凡的科技园；德国的"生物萨克森"地区（BioSaxony，萨克森州生物技术产业集群）；以及芬兰的奥卢，一个在手机产业残迹上兴起的生命科学智带。

明尼阿波利斯：自力更生有时是合作的关键

多年来，明尼阿波利斯–圣保罗地区经历过经济上的起起落落，但在开始崛起为智带之前，这里从未像阿克伦、马尔默等城市和地区一样沦落为锈带。明尼阿波利斯长期以来一直是谷类加工业、啤酒酿造业和伐木业的中心。虽然这些产业的活动步伐放缓，但明尼阿波利斯避免了毁灭性的衰退，这是因为，几家总部长期坚守在“双子城”（明尼阿波利斯和圣保罗两市周边地区）的《财富》100 强企业——包括 3M、通用磨坊（General Mills）、嘉吉（Cargill）——没有抛弃这一地区。此外，由于研制出世界首台超级计算机的控制数据公司（Control Data）就位于此地，明尼阿波利斯在早期计算机产业中也占有一席之地。该公司连同多家由其分立出来的新公司为明尼阿波利斯吸引来了风险投资公司和信息技术人才，后来当地的医疗设备企业多得益于此。

明尼阿波利斯金牌面粉厂前的铁路调车场（1940）

图片来源：科比斯图片社（Corbis Images）

明尼阿波利斯能成为以医疗设备为重点的生命科学智带，

是各方面因素共同作用的结果。20 世纪 40 年代末，有数据显示美国心脏病发病率在逐渐升高，为此，美国国立卫生研究院提高了对心脏健康及相关医疗程序研究的资助。这笔资助在明尼阿波利斯及美国其他地区催生了一个由医疗设备开发者构成的家庭手工产业。此外，这笔资助还激励了像李拉海一样有开拓精神甚至是冒险精神的外科医生。

诺曼 · 丹恩（Norman Dann）是 20 世纪 50 年代明尼阿波利斯的一位风险投资家，他一直关注着这些外科医生，看着他们变为他所说的“山大王”。这些有创业精神的医生手握着研究经费，还完全不需要与官僚主义做斗争。他们痴迷于医疗技术，在具备最新性能的新设备上一掷千金。反过来，他们的花费促成了小型新兴医疗设备制造商的崛起，而这些企业又将大部分利润投入进一步的研究当中。

明尼阿波利斯智带的建立还离不开知名医院和重点教育机构。该地区有多家世界一流的创新型医院（包括梅奥诊所）参与到了智带的建设之中。同样参与其中的还有明尼苏达大学及该校的学生和外科医生。

事实证明，当地“谨慎的冒险精神”文化也非常适于开发复杂的、革新性的、生死攸关的产品，例如医疗设备。这种态度在一定程度上植根于北欧移民的工作伦理。北欧移民都是天生的修补匠、自力更生的发明家，他们非常吝惜手头的资源，更愿意自己动手修理东西，而不是找修理工或者买替换品。

企业作为生态系统的联络者和催化剂

虽然李拉海在明尼阿波利斯早期的故事中有着举足轻重的地位，但在这里，真正可以被视为联络者这一关键角色的，却是一座围绕一家企业形成的人才库，这家企业就是美敦力公司。

1949 年，厄尔·巴肯和他的姐夫在一间车库中合伙创立了美敦力公司，专门生产心脏起搏器。正是巴肯为李拉海制作了第一个心脏起搏器的原型。美敦力公司如今已经成长为全球领先的医疗设备和植入物制造商，但它最重要、盈利最高的产品仍然是心脏起搏器。与巴肯当初按照李拉海提的规格要求拼装出的小工具相比，如今的设备要小得多、可靠得多，但它们仍然价格高昂，售价为 1 万~2.5 万美元，这还不包括住院费和手术费。全球每年售出约 150 万台心脏起搏器，其中 40% 是美敦力公司的产品。事实上，美国几乎垄断了起搏器制造产业。[7] 美敦力还利用自身在起搏器方面的专业知识生产其他医疗设备，包括支架、除颤器、脑刺激器、脊柱刺激器以及胰岛素泵。[8]

美敦力公司在成长为全球制造业领导者的同时，还激发了大规模的知识创新。我们向美敦力公司战略副总裁埃莉·皮多（Ellie Pidot）问及“美敦力大学”（University of Medtronic）——有人说美敦力大学的贡献能够比肩甚至超过明尼苏达大学——她拒绝在二者之间区分高下，只是回答说："明尼阿波利斯方圆 50 英里（80 公里左右）内取得的心脏相关研发创新，比在世界其他任何地方都多。"[9]

两家机构始终坚持相互合作，创新成果在两者间双向流动。例如，明尼苏达大学开发出了一款胰岛素泵，而这款胰岛素泵的商业化则由美敦力负责。这只是明尼苏达大学医疗设备中心开发出的诸多技术中的一例。该中心是一座创新工坊，这里的科研人员已研发出超过 125 项专利。此外，学校还教授如何创业，并且赞助了"明尼苏达杯"创业大赛。"明尼苏达杯"是美国最大的州级创业竞赛，自 2005 年以来，已吸引了超过 8000 名有抱负的创业者。[10]

美敦力、明尼苏达大学及其他智带参与者的合作取得了极大的成功，创造了大量商业项目。2000 年，明尼阿波利斯周边共有 450 家生命科学企业（主要集中在医疗设备领域）；到 2014 年为止，这一数字已上升至 2500 家。世界最大的心脏瓣膜制造商圣犹达公司（St. Jude）和心脏起搏器公司（Cardiac Pacemakers）[11] 都是由原美敦力研究人员创立的。其他几家支架和植入物制造商（包括CVRx、EV3[12]、SurModics）的创始人也是在当地的起搏器制造商那里开始的职业生涯。由于明尼阿波利斯医疗设备产业的活动极为密集，创业公司既可以利用这里丰富的人才资源，又可以获取风险投资，还可以向那些学识广博、长期关注这一产业的学者、企业家拜师学习，从他们那里得到反馈。

收购拥有创新团队的小型研发公司是美敦力公司智力共享战略的关键部分，这样做的生命科学企业并不少见。例如，2014年，美敦力公司收购了荷兰创业公司Sapiens SBS（Steering Brain Stimulation，定向脑部电刺激），这家公司专攻神经调节，将电脉冲信号和药物靶向传输至神经系统中的特定位点。公司同时还在开发拥有多达40个触点的下一代脑深部电刺激术。Sapiens首席执行官扬·克尔特延斯（Jan Keltjens）解释说，他们的融资出现了困难，于是，为了让产品顺利跨过“终点线”，他们有必要向美敦力寻求帮助。[13]

大型传统企业进行此类收购，主要是因为小型研究型企业拥有它们无法比拟的创新精神，它们依靠收购来的公司进行大部分创新性研究工作，这样做通常收效更好，成本也更低。如今已80多岁的诺曼·丹恩对早年的经历记忆犹新，他表达了和许多人一样的观点：“最优秀的研发工作都是由一小群不受等级制度约束的研究人员完成的。他们可以迅速纠正错误，其所处的文化环境也理解他们，研究中出错是在所难免的。”[14]大型企业往往封闭、迟缓、等级森严，在那里，研究人员不会因为错失良机受罚，倒是会因为犯错受罚。曾任职于通用电气医疗集团（GE Healthcare）的美敦力公司首席执行官奥马尔·伊什拉克（Omar Ishrak）认为，即便收购了一些小公司，公司的研发产出仍然太低，于是，他解雇了数千名公司内部的研究人员。[15]然而，当涉及组织大规模临床试验和构建支持系统时，美敦力这样的大公司在专业知识、影响范围、资源等方面仍具有压倒性优势。

原美敦力副总裁、后来担任生命科学小巷（LifeScience Alley，又译为生命科学联盟，明尼阿波利斯的一家行业协会）[16]总裁的戴尔·瓦尔斯特龙（Dale Wahlstrom）表示，除了美敦力公司和明尼苏达大学所做的贡献，专业研究和培训机构、专利律师、监管专家、风险投资家和当地政府在塑造“整体文化”的过程中也扮演着重要角色。瓦尔斯特龙告诉我们：“我在私营企业做科研时，完全不知道公私合作能做些什么。”但他现在已经意识到，企业和大学必须联合起来，共同开发新想法，与监管部门接洽。他说：“我现在（对公私合作）坚信不疑。”这正呼应了我们在世界各地智带的所见所闻。[17]

波特兰：耐克创始人推动的智能革命

波特兰与明尼阿波利斯不同，这里曾经历过锈带时期。俄勒冈州的经济曾以林业、炼铝业、造船业、汽车装配业为主，这些产业随后被服装企业和科技企业取代。围绕着测试测量设备制造商泰克公司（Tektronix），俄勒冈形成了一个广泛的供应商和经销商网络。1974年，美国政府要求英特尔公司在不易受地震影响的地区建设备用设施，于是，该公司在波特兰建造了一座芯片加工厂作为加利福尼亚制造业务的补充。在州长巴巴拉·罗伯茨（Barbara Roberts，任期1991—1995）的带领下，俄勒冈州为企业提供了减税优惠，鼓励企业根据双方商定的目标在此投资建厂。通过这种方式，俄勒冈州还吸引了其他高科技企业。

智带有时需要一位局外人来将各方聚到一起，即便他们已经比邻而居多年，情况也是如此。波特兰就属于这种情况，在那里，知名学府的研究人员与半导体巨头英特尔的企业人员长期在同一地区工作，但他们之间没有任何合作。促使人们走出组织孤岛的是菲尔·奈特（Phil Knight），他是当地另一家著名企业、运动服饰行业的标志——耐克公司（Nike）的联合创始人兼董事长。在奈特朝着这个目标努力的过程中，2013年9月的一晚迎来了关键的一刻，他在一场表彰布莱恩·德鲁克尔（Brian Druker）的筹款活动中成为众人的焦点。德鲁克尔是奈特癌症研究所主任，也是该所最杰出的研究员，他有句名言："我们可以战胜癌症，这是毋庸置疑的。战胜癌症需要的是知识。一旦我们知道是哪里出了问题，我们就可以修复它。"德鲁克尔还应该再补充一点，获得战胜癌症所需的知识有两个先决条件：一是要有充裕的资金，二是生物科学界与高科技制造业要紧密合作。

耐克公司和奈特癌症研究所创始人菲尔·奈特

图片来源：保罗·莫里吉（Paul Morigi）

奈特研究所隶属于俄勒冈健康与科学大学，重点关注早期癌症的研究。五年前，奈特向研究所捐赠了1亿美元，自此，研究所以他的名字命名。事实证明，这笔早期捐赠是波特兰地区的一个分水岭：有了充盈的资金，奈特研究所进入了美国顶尖癌症研究中心之列。这笔资金也让波特兰生命科学研究界与医学研究领域外的重要伙伴合作更加紧密。要想取得成功，俄勒冈健康与科学大学还需要智能制造业的参与，需要像英特尔（芯片制造商）和FEI（电子显微镜制造商）这样的企业。反过来，英特尔也迫切需要合作，因为它正致力于开发下一代芯片，这种芯片对基因组研究至关重要，芯片研发过程中需要使用大规模的病人数据集。FEI也看到了完善自家显微镜的机会，有了更完善的显微镜，癌症研究人员就可以更好地观察细胞以及细胞与药物间的相互作用。

经济衰退时期，俄勒冈州的生物技术产业并没有遭到冲击，陷入衰退，这在一定程度上要归功于奈特2008年的捐赠。事实上，在过去10年间，生物技术产业的就业还增加了31%。[18]然而，即便在那段艰难的岁月里波特兰的生命科学产业取得了成功，2010年，这一地区还是迎来了新的财政挑战，美国国家癌症研究所（隶属于美国国立卫生研究院）开始减少资助的规模和数量。

于是，2013年的那一晚，奈特加大了对波特兰地区的投资力度，同时，他还激励其他人效仿此举。他承诺，只要未来两年内奈特研究所能募集到5亿美元，他将做出等量的捐赠，而这样的目标，2015年6月即可实现。

奈特的捐赠额度确实可观，但相较于波士顿和圣迭戈，波特兰的生命科学智带仍相对较小，不过它满怀雄心壮志，正在快速成长。如今，俄勒冈州的生物科学产业总值已达40亿美元，拥有15 000名从业人员，其中医疗设备行业占40%，制药行业占26%，俄勒冈州在生物医学制造领域已在美国各州中处于领先地位。[19]随着波特兰产业格局的改变，俄勒冈健康与科学大学也在成长、转型。这所大学成立于1974年，原名俄勒冈大学健康科学中心，中心成立后汇集了多个州立的专业项目，包括牙科学、医学、护理学。2001 年，该校合并了俄勒冈科学技术研究生院。大学现有教职工 2500 名、在册学生 3000 人、年科研预算 3.5 亿美元。此外，校园内的三所医院每年接诊近 100 万名患者。[20] 俄勒冈健康与科学大学是旧金山和西雅图两地之间唯一一所美国国家癌症研究所指定的癌症中心，也是美国公认的顶尖医科大学研究中心。

以英特尔为代表的高科技产业不断成长，加之俄勒冈健康与科学大学稳步发展，落实了建立波特兰生命科学智带所需的两个基本要素：智能制造业和强大的学术力量。然而直到千年之交，科技界和生命科学企业才凝聚到一起，形成了戴尔·瓦尔斯特龙在明尼阿波利斯提到的那种“整体文化”。2001 年，俄勒冈州政府力图通过加强生命科学生态系统的建设来拉近两者之间的距离，因而提出了“俄勒冈机遇”计划。计划发行 2 亿美元债券，以此提供资金，用于开发新的生物医疗研究设施、招贤纳才。提案以压倒性优势获得了通过，当地的慈善家随即又为项目追加了 3.75 亿美元。

在“俄勒冈机遇”计划的激励下，当地的活动和成就出现了爆炸式增长。在此新成立的研究中心不是一家，而是三家，同时，当地还设立了一处孵化器空间。研究人员取得了超过 4 亿美元的资助，先后有 50 余家生物医学创业公司涌现出来，其他生物医学企业也纷纷迁居至此。基因泰克公司在波特兰邻近的希尔斯伯勒（Hillsboro）斥资 4 亿美元兴建了一座工厂，主要生产两种抗癌药物：阿瓦斯汀和赫塞汀。制造出世界首批无线心脏起搏器的德国百多力公司（Biotronik）[21]也在波特兰南部的奥斯威戈湖（Lake Oswego）附近设立了一家最先进的工厂。萨姆医疗产品公司（SAM Medical Products）的创始人萨姆·沙因贝格尔（Sam Scheinberg）是一位战地创伤外科医生，他开发出了新一代的轻型夹板，可以替代他在越战期间使用过的既笨重又不合身的夹板。美多拉克实验室（Medolac Laboratories）是一家人类母乳库，公司的业务是先从一个庞大的女性网络中收集母乳，再将母乳分发出去，用来哺乳早产婴儿。

此外，波特兰还快速闯入了远程医疗监护领域，这需要软件工程师与医学研究人员进行跨学科智力共享，还需要将无线技术和分布式计算结合在一起。我们参观了从事这一领域的ReelDx公司的办公地点，公司所在地原为一家钢绳厂，现在则是60余家创业公司的大本营。ReelDx公司首席执行官比尔·凯利（Bill Kelly）是哈佛商学院的毕业生，也是一位连续创业者[22]，他和俄勒冈健康与科学大学小儿急诊医学负责人大卫·斯皮罗（David Spiro）共同创立了ReelDx公司。他们的目标是借助医护人员佩戴的智能手机或GoPro相机（一种运动相机）记录病人的治疗情况。尽管按照最初的构想，他们的产品将用作医学院学生的教学工具，但他们很快就认识到，其产品有可能用在救护车上或是用于临床试验中，还可能用于监护残障病人和老年病人。他们计划借助一个安全可靠、符合《健康保险携带和责任法案》（HIPAA）规定的云平台实现视频共享，降低医疗成本，提高医疗效率。

一笔大数据交易："俄勒冈健康与科学大学－英特尔"合作项目

波特兰地区学术界与制造业的智力共享中，最有代表性的项目可能要数俄勒冈健康与科学大学与英特尔的合作。该项目能成功上马，玛丽·斯滕泽尔–普尔（Mary Stenzel-Poore）[23]功不可没。斯滕泽尔–普尔是俄勒冈健康与科学大学医学院主管科研的高级副院长，她是一个会用"美味可口"来形容复杂问题的人，此外，她还将国立卫生研究院减少资助视为一种良性发展。为什么她会这样想？因为这会迫使大家共享智力资源。正如我们在其他许多智带见到过的情况，之所以会出现团队科研、跨学科合作和知识共享，往往是因为人们迫于无奈。斯滕泽尔–普尔告诉我们："人们无法独自实现目标时，就只能与人合作。"但她表示，这种迫于无奈而建立的关系可能需要面对大量"硬骨头"，并且他们知道，他们需要一位联络者，一位"能够化腐朽为神奇的牵线人"。

这正是他们在乔·格雷（Joe Gray）身上看到的特质。乔·格雷是俄勒冈健康与科学大学生物医学工程系主任，也是一位兼具工程和核物理背景的科学家，拥有 80 余项专利。乔·格雷声称，俄勒冈健康与科学大学的目标是建立一套“癌症的谷歌地图”，将数十亿癌细胞内部突变的显微视图与整个癌症系统的宏观分析结合起来。[24] 如此规模的数据可视化需要极其强大的计算能力，因此格雷找到了英特尔公司，并与时任英特尔首席技术官斯蒂芬·帕夫洛夫斯基（Stephen Pawlowski）取得了联系。[25] 帕夫洛夫斯基认为，此次合作将兼具双方的优势，英特尔在“开发高能效、超大规模计算解决方案”方面具有优势，俄勒冈健康与科学大学则具备解读并可视化复杂生物信息的能力。[26] 目前，“俄勒冈健康与科学大学–英特尔”合作项目已聚集了众多计算机科学家、生物学家以及生物物理学、信息生物学、基因组学方面的专家，他们每天都在并肩作战。英特尔方面还派出了 20 位工程师驻扎在俄勒冈健康与科学大学校园内。

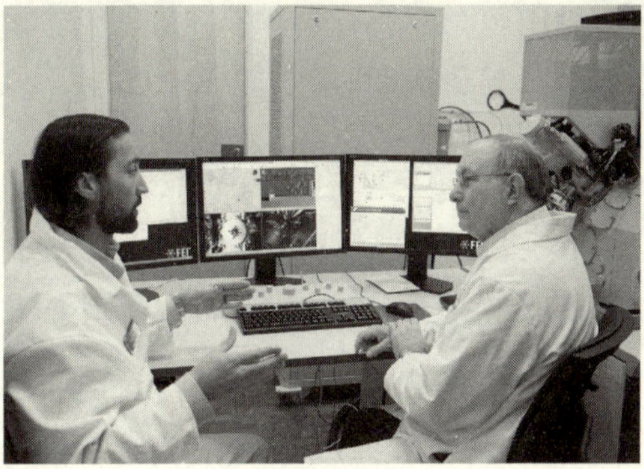

俄勒冈健康与科学大学生物医学工程系主任乔·格雷（右）

图片来源：俄勒冈健康与科学大学

合作双方都将这种智力共享视为前进的方向。就英特尔而言，医疗保健是未来的一个关键市场，公司希望创造下一代高性能芯片，从而在这一市场上占据领先地位。它的目标是能以几十美元的成本在数小时内完成单个DNA的分析工作，而不再是耗时数周花费几千美元。俄勒冈健康与科学大学为英特尔提供了所需的病人数据，作为回报，该校可以提升治疗能力，进而更高效地治疗患者。格雷表示，要想发挥个体化医疗的潜力，就必须收集数百万患者的数据，以此确定哪些细胞与你所医治的患者的细胞相似，了解各种不同治疗方法的结果。只有采取合作，研究人员才能按需深入了解病情，更好地帮助患者；也只有采取合作，芯片制造商才能取得所需的专业知识，生产出性能更强的医疗设备用芯片。

此类合作让波特兰地区的科学家看到，要想取得企业的资助，就必须具备将研究转化为适销对路产品的能力。（在波特兰和其他智带，目前仍有旧时产学分割的痕迹。）但科研项目错综复杂，监督管理障碍重重，这些都是医疗保健产业必须克服的困难，它们可能导致研究向产品转化的过程进展缓慢。不过，据俄勒冈健康与科学大学技术转让办公室主任安德鲁·沃森（Andrew Watson）介绍，俄勒冈健康与科学大学已向营利性企业授予了84项许可，授权这些企业对该校科研人员开展的研究进行商业化。此外，学校还在以每年3~4家的速度派生出创业公司。（斯坦福或麻省理工这样长期遥遥领先的学校每年会派生出多达20家创业公司，相比于此，俄勒冈健康与科学大学的开局并不算坏。）该校派生出的创业公司大多位于俄勒冈州，因此，这些企业既有助于当地的经济发展，又为学校带来了每年多达300万美元的授权费。[27]

成功的案例俯拾即是。例如，Orexigen治疗剂公司推出了适合糖尿病和肥胖症患者的减肥药Contrave。MolecularMD公司对该校的一项专利技术进行了商业化，这项技术可以检测出对格列卫（Gleevec，一种治疗慢性白血病的药物）耐药的癌变。还有一家创业公司正在测试由理查德·万普勒（Richard Wample）设计的第一款无泵心脏，可能有助于解决心脏捐赠不足问题。[28]

各实体、各学科之间的智力共享是这一切活动的关键所在。乔·格雷告诉我们，他上学的时候，学校里的生命科学课程没有一门能涵盖所有相关学科。他说："现在我们知道了，你需要进行跨学科合作，因为这些纷繁复杂的问题仅凭一个人的头脑根本不够用。"

智力共享也需要基础设施

创业公司需要的不只是杰出的科学人才。事实上，年轻企业还需要市场知识、基础设施，以及创造这一切的资金。就这方面而言，由菲尔·奈特主导的大规模慈善事业在波特兰起着举足轻重的作用，为当地生物医药产业基础设施建设提供了所需的资金。除了奈特的贡献，丹尼尔·路德维格（Daniel K. Ludwig）、比尔·盖茨（Bill Gates）、保罗·艾伦（Paul Allen）等人[29]的捐赠在建设基础设施、促进智力共享方面，同样功不可没。以奈特癌症研究所的新楼为例，新建筑将紧邻市中心地区，而不是位于市郊大学校园内的山顶上。如此一来，俄勒冈健康与科学大学的癌症研究活动将渗入创业公司生态系统和生物科学企业孵化器当中，还能与周边其他高校的化学专业和工程学专业互通有无。

俄勒冈健康与科学大学的生命科学合作大楼也将落成于市区，成为市内校区的重要组成部分，同时，这栋大楼将成为与英特尔公司开展合作的中心。在那里，课程中融入了工程学和计算机科学。建筑的设计也符合相关要求，足以安置最先进的医疗相关设备。例如，上部建筑采用了“浮动”地板（浮筑地板），以便消除环境振动，因为环境振动可能会干扰极为敏感的显微镜的操作。最重要的是，包括乔·格雷在内的俄勒冈健康与科学大学主要研究人员都在该建筑内拥有办公室。格雷给我们看了一张照片，是办公室窗外几年前的景象，可以看到威拉米特河，以及曾在那里运营了数十年的船坞的遗迹。

如今，窗外的景象已大为不同。据天使投资人埃里克·罗森菲尔德（Eric Rosenfeld）介绍，波特兰曾一度被视为“缩小版的辛辛那提”，意思是这是一座了无生机的城市，没有创建智带的必要设施。如此境遇今已不再。眼下当地的政府官员和高校管理者正携手并进，致力于为城市里那些被遗弃的地区重新注入活力，改善交通状况，为年轻的创业者提供机会，鼓励他们兴办农贸市场，出售当地生产的食品，或开办一流的餐馆。波特兰现在是美国人均自行车使用率最高的城市，并且对受过良好教育又希望在创业公司工作的毕业生有很大吸引力。罗森菲尔德说："对有创造力的极客来说，这里充满乐趣。我们还吸引了许多富裕的退休高管，他们乐于接手管理事务，迎接新的挑战。"[30]

波特兰滨水区（1898）

图片来源：美国国会图书馆（LC-USZ62-120205）

多年来，波特兰之所以闻名于世，是因为这里是体育事业、运动服饰产业、特色啤酒和葡萄酒酿造业中心。如今，波特兰不断吸引全世界关注的原因则是，这里是生命科学领域智力共享的热点地区。

俄勒冈健康与科学大学生命科学大楼前的有轨电车

图片来源：特雷莎·博伊尔（Teresa Boyle），波特兰市/国家城市交通部门协会（NACTO）

瑞士苏黎世：一种新型货币

1981年春，弗雷德离开荷兰的第一次旅行就是作为财经记者前往瑞士。在那里，他采访了多位银行家和金融分析师。采访期间，他发现银行保密制度是一项无法撼动的优势。30年后，在美国当局的重重压力下，瑞士各银行被迫改变它们的私人银行惯例，因而在一定程度上失去了传统优势。2008年的金融危机又给了当地银行界一记沉痛的打击。

因此，2014 年访问苏黎世时，我们的目的并不是采访金融业人士，而是想要更多地了解苏黎世联邦理工学院，该校已经成为众多生物技术公司的创业原动力。传统上，进行基础研究的都是总部位于瑞士巴塞尔附近的跨国制药企业，例如罗氏制药和诺华制药。但在过去的 20 多年里，苏黎世已经发展为生命科学智带。正如我们在其他城市见到的，在苏黎世被遗弃的生产基地上，如今已建起了一座科技园，汇聚了众多剧院、餐厅。这些久被遗忘的地方如今已充满活力，吸引着人们来此生活、工作。

从圣彼得教堂俯瞰瑞士苏黎世

图片来源：美国国会图书馆印刷品与照片部彩色照片集（LC-DIG-ppmsc-07927）

苏黎世以及我们在欧洲考察过的另外两个生命科学智带（德累斯顿和奥卢）走出了与美国的生命科学智带截然不同的

发展道路，其智力共享中心关注的产业也大不相同。虽然苏黎世既没经历过锈带时期，也没面临过生存危机，但它的确失去了某些传统制造业，银行业也丧失了一定的主导权。不过，苏黎世仍然是银行业的中心，也是劳力士（Rolex）、瑞士莲（Lindt）等众多世界一流奢侈品品牌的总部所在地。

马里奥·詹尼（中）、詹–卢卡·博纳（Gian-Luca Bona，联邦材料科学与技术研究所首席执行官，左）和彼得·弗里施克内希特（Peter Frischknecht，Feld3 总裁，右）

图片来源：联邦材料与科学研究所（© Empa，2013）

苏黎世之所以能成为生命科学智带，大抵要归功于苏黎世联邦理工学院发起的诸多项目。苏黎世联邦理工学院是世界顶尖的理工大学，吸引了大量优秀人才，这里既是创业活动的温床，又是知名机构理想的落脚点。正如我们在其他智带了解到的情况，这种变化的源头可能要追溯到联络者个人，就苏黎世而言，这个人是我们在第一章就曾提到过的百健公司创始人查尔斯·魏斯曼。该地区大多数生命科学研究活动都是在施利伦–苏黎世生物科技园（Bio-Technopark Schlieren-Zurich）中进行的，在我们与科技园兼职首席执行官马里奥·詹尼（Mario Jenni）交谈的过程中，没谈几句便提到了魏斯曼的名字。作为联邦理工学院分子生物学研究所主任，魏斯曼原本一直是一位学者，然而，1978 年他投身创业，成立了百健公司。詹尼告诉我们，魏斯曼的同事认为他已经“把灵魂出卖给了魔鬼”。[31]

不过，与智带发展的一般轨迹类似，魏斯曼的大胆之举最终让持不同见解的人走到了一起。虽然大学并没有迅速改变，但 10 年间，百健公司取得的成功让高校研究人员和管理者开始重新审视自己对科研与商业之间关系的态度。1991 年通过的新法加速了这种转变，按法律要求，由国家资助的联邦理工学院必须将其研究应用于创造新产品，以此回馈为研究乃至整个社会提供资金的纳税人。联邦理工学院逐渐承担起了机构联络者的角色，而作为联络者中的先驱，魏斯曼则像蛛网上的益蛛一样，已成为整个生态系统中的关键角色。这一生态系统网罗了诸多潜在的参与者：学者、政府官员、企业家、科学家、金融家。

大学在建设智带的过程中起着重要作用，科技园的作用也丝毫不差。首先要提到的就是 1993 年开园的苏黎世科技园（Technopark Zurich）。苏黎世科技园由托马斯·冯·瓦尔德基希（Thomas von Waldkirch）一手打造，他长期担任联邦理工学院教授，是学者当中少数几位赞成其同事魏斯曼教授创办百健公司的人。冯·瓦尔德基希曾于 1985 年访问过美国，美国的经验让他坚信，苏黎世需要一座科技园。在那里，年轻的创业者可以得到指导继而茁壮成长。1988 年，他由建立科技园基金入手，得到了苏黎世市长托马斯·瓦格纳（Thomas Wagner）、联邦理工学院校长海因里希·乌尔施普龙（Heinrich Ursprung）以及企业家、政治家、研究人员、银行家等各个方面的支持。[32] 科技园基金找到了一处由瑞士工业集团苏尔寿（Sulzer）腾出的生产基地，随即在此落户，翻修甫一完工各家企业就开始陆续迁入。2001 年，冯·瓦尔德基希准备去接受新的挑战，他选择了时年 31 岁的莱斯利·施皮格尔（Lesley Spiegel）作为接班人，因为她与科技园中的创业者是同龄人。施皮格尔领导苏黎世科技园期间，园中企业租户的数量翻了一番，达到 300 余家，其中主要是科技企业，但也有金融服务公司。

施利伦–苏黎世生物科技园则是退休企业家莱奥·克鲁梅纳赫（Leo Krummenacher）的心血结晶，这是一个只针对生命科学企业的科技园。1984 年，瑞士车厢和升降机制造厂倒闭后，克鲁梅纳赫买下了该厂的多栋大楼。他知道联邦理工学院当时正急需场地，该校也是第一批搬入科技园的租户之一，但很快学校就搬到了城北一座全新的综合建筑里。联邦理工学院在科技园短暂停留期间，克鲁梅纳赫结识了一些教授，学校搬走后，他依然与这些教授保持着联系，他们告诉克鲁梅纳赫，这里真正需要的是一座孵化器，它可以提供众多创业公司接触不到或负担不起的专业实验设备。克鲁梅纳赫算了一笔账："我觉得风险是有限的，因此我迈出了这一步。"[33] 孵化器立即证明了自身的吸引力，从那时起，他们已在设备上投入了数千万瑞士法郎。[34]

从 2003 年起，马里奥·詹尼一直兼任施利伦–苏黎世生物科技园的首席执行官。或许他最重要的职责就在于为科技园鉴定、接收租户。詹尼说："在选择企业时，我们仍然明确地专注于生命科学企业，这一点不容淡忘。"园区内目前已有 30 余家企业，涉及制药、医疗设备、可降解骨材料、诊断等领域，在此创业的企业 90% 都存活了下来。

由于土地有限，园区内的建筑越修越高。詹尼希望增加办公室的数量以及实验室的空间和功能，这样可以增进这里校园般的氛围。这里有非正式的集会区域可供人们进行私下交流，还有可以举办大型集会、讲座及会议的礼堂。

分子合伙人公司（Molecular Partners）是生物科技园的成功案例之一，这是一家致力于开发靶向给药载体蛋白质的创业公司。这种蛋白质可以将药物导向人体内特定位置，以便达到最佳用药效果。[35] 公司已先后与多家制药公司签订合约，每份合约都在 5 000 万美元左右。2012 年，分子合伙人与美国艾尔建公司（Allergan）结成联盟，共同开发更高效的眼部疾病治疗方案，这项合作研究可为公司带来高达 14 亿美元的收入。

然而，生物科技园不仅仅是一处创业公司和各类由大学主导的项目的避风港，也受到了许多有影响力的大公司的青睐。2005 年，瑞士制药企业罗氏公司收购了 Glycart 公司，该公司一向以“开发更高效的抗体产品以解决未满足的临床需求，成为该领域的全球领导者”为己任。[36] 公司的研究任务将集中在生物科技园中进行。2009 年，诺华公司收购了 ESBATech 公司，就此入驻生物科技园。ESBATech 公司在各类眼部疾病临床前的研究中扮演着重要的角色。[37]

与波特兰的情况相仿，研究活动、创业公司和大企业分支机构的爆炸式增长带来了一种新的需求：探索拉近产学关系的新途径，实现更好的信息交流和项目合作，继而构建当地的生态系统。联邦理工学院为此成立了技术转让部，以支持学生和教授开发商业项目。2012 年，学校创办了名为“创新与创业实验室”的试点孵化器，旨在帮助学生通过将产品理念转化为商业模式来学习如何创业。“创新与创业实验室”关注的领域中就有生命科学：分子生物学、生物技术、生物化学、制药、诊断。本科生有了想法后可以向“创新与创业实验室”申请为期 18 个月的工作。被接纳的人可以获得 15 万瑞士法郎的种子资金和免费食宿，还可以得到各类专家在法律、专利、金融、创业等事务上提供的建议和指导。

在苏黎世，虽然科技园的推动者（多为生物学教授）看到了跨学科合作的必要性，但想要诱使学者和研究人员走出各自的孤岛仍然困难重重。在波特兰，乔·格雷也曾面临同样的问题，他的解决之道是，将新建筑修建在河边，这使得居民们几乎不可能不合作。随着一座最先进的实验室——配备有最新款的FEI显微镜——正式落成，合作已是板上钉钉之事，所有可能存在的异议都被一扫而净。联邦理工学院也采取了同样的策略。2006年，由瑞士政府捐资1亿瑞士法郎，该校在巴塞尔开辟了新校区。同年，该校校长、分子生物学家恩斯特·哈芬（Ernst Hafen）建立了一个跨学科研究所，即生物系统科学与工程系，在这里，生物学家、物理学家、化学家和计算机科学家正就大数据研究进行紧密合作。[38]

不同于某些原先的锈带城市，苏黎世智带并不需要在改善城市环境方面做太多工作。那些三四十岁的专业人才，无论瑞士人还是外国人，都非常喜欢在该地区工作。马里奥·詹尼说：“实话实说，瑞士真是一个生活的好地方。”

生物萨克森：官方的支持激励民间的行动

原属民主德国的萨克森州及其首府德累斯顿在1989年柏林墙倒塌后不得不从头开始建立市场经济。资深政治家、萨克森州总理库尔特·比登科普夫决定将重点放在基础研究上。

萨克森州在基础研究方面拥有悠久的历史，比登科普夫希望依托这一传统建立一种新的经济秩序。这是一次睿智而成功的决断。正如我们在第二章中看到的，德累斯顿目前拥有欧洲最大的芯片生产基地。但鲜为人知的是——我们也是在第一次采访此地时才得知——德累斯顿及附近的莱比锡还发展出了生命科学智带。

德累斯顿正在努力唤醒这位“睡美人”。此事的带头人是安德烈·霍夫曼（André Hofmann），一位35岁左右、精力充沛的工程师。霍夫曼是“生物萨克森”（BioSaxony）的首席执行官，这是一家成立于2009年的行业协会，宗旨是推动生命科学行业的发展。[39]我们见面时，看到他如此年轻就担起联络者的角色，可以说是一种惊喜，甚至是一种震撼。我们见过的其他联络者通常是商务人士、行政人员、政治家、科学家，他们都拥有多年的实践经验和广泛的人脉。

但霍夫曼拥有一项对任何联络者来说都是巨大财富的个人品质——懂得换位思考。懂得换位思考才能将各类人群、企业、机构聚到一起，才能让在观点和利益上往往彼此对立、互相龃龉的各方团结起来，形成振奋人心的新身份认同。当我们问及他在两种政治制度下的经历时，他展现出了这方面的特质。1989年柏林墙倒下时，霍夫曼还在上小学，他非常赞赏当时孩子们互相帮助的行为。由于竞争的出现以及人们更加强调个人主义，如今这种团体凝聚力已然消耗殆尽。

德累斯顿生命科学智带的成长过程与波特兰智带有着相似之处。在俄勒冈，耐克创始人菲尔·奈特的捐赠加速了研究设施等基础设施的建设，帮助吸引了更多的科学家；而在德累斯顿，起到相似作用的是州政府提供的1亿欧元投资。

20世纪90年代末，萨克森州的科学家和企业家看到生命科学产业拥有巨大的商机。于是，2000年，州政府提供了2亿欧元资金用于建设必要设施，吸引顶尖的生命科学研究人员。这笔资金平均分配给了萨克森州西部的莱比锡和中部的德累斯顿。

刺激政策在两座城市都取得了引人注目的成果。2003年，莱比锡成立了一家名为“莱比锡生物城”[40]的孵化器，这里旋即成为40家创业公司和生物技术服务公司的大本营，有6位教授在孵化器的实验室中开展研究工作。此外，孵化器中的创业公司还得到了“莱比锡生物网络”（技术转让组织）[41]的进一步扶持。看到孵化器取得的成功后，莱比锡市决定联合州政府追加2亿欧元资金支持生命科学活动。

2005年，莱比锡迎来了最振奋人心的工程，莱比锡大学医学院启动了“计算机辅助外科手术创新中心”项目。[42]其使命是将来自多个学科（包括工程学、材料科学、医学）的科学家聚到一起，携手开展研究以实现共同目标：开发未来的手术室。计算机辅助外科手术创新中心现已成为“基于模型的自动化和集成化”方面的权威，即“整合标准化病人模型和流程模型，使之可用于外科手术术前和术中”，以此实现手术方法的标准化，开发出肿瘤学病人模型和流程模型。[43]

德累斯顿重点关注的是分子生物学，在背后推动这项事业的是凯·西蒙斯（Kai Simons）。西蒙斯生于芬兰，是一位医生和生物学家，他职业生涯的大部分时间都在海德堡的欧洲分子生物学实验室担任团队领导。[44] 20 世纪 90 年代末，他与几位同事合作，提出了一项计划，要新建一座分子细胞生物学和遗传学中心，并附属到马克斯·普朗克研究所。新设施有一个重要特征，那就是将对其他高校、科研机构、营利性企业开放。简而言之，这将是一个智力共享机构。

他们就可能的地点进行了讨论。西蒙斯和同事决定舍弃海德堡，因为他们对智力共享概念在这座传统城市能否奏效深表怀疑。他们知道萨克森州对生命科学有兴趣，于是将德累斯顿视为备选地点。但是问题在于，该地区并没有分子生物学的研究传统。[45] 最终，他们排除了种种异议，一是因为知识共享已经牢牢锁定在德累斯顿的议程之上，二是因为萨克森州愿意为该项目投资 1 亿欧元，表现出了强烈的意愿。德累斯顿马克斯·普朗克分子细胞生物学和遗传学研究所[46] 于 1998 年成立，位于易北河畔，邻近德累斯顿大学学校医院。2004 年，另一家名为“生物创新中心”（Bioinnovationszentrum）[47] 的生命科学创新中心也搬到了附近。2009 年，“生物萨克森”将其办公场所搬到了同一栋大楼内。如今，生命科学相关活动高度集中于德累斯顿周边地区，人们将其称为“生物城”。

德累斯顿马克斯·普朗克研究所现在是新生命科学智力共享项目的加速器。物理学家、生物学家和医生在此紧密合作，负责协调研究活动的同事分别来自四家机构：德累斯顿工业大学、德累斯顿工业大学医学院、卡尔·古斯塔夫·卡鲁斯大学综合医院、亥姆霍兹研究所。2005 年，该所发起了“肿瘤射线”（OncoRay）跨学科研究计划，以推进采用放射疗法的个体化癌症治疗。[48]“肿瘤射线”计划取得了萨克森州政府、德国联邦政府以及欧盟总部的财政支持。

2006 年，跨学科网络“再生疗法中心”在德累斯顿成立，进一步推动了智力共享。[49] 尽管该中心由德累斯顿工业大学负责管理，但它实行独立运营，与其他一些科研院所保持着紧密合作，合作伙伴包括其他马克斯·普朗克研究所（类似的马普所有很多，每一个研究所侧重的学科和研究内容都不同）和马克斯·贝格曼生物材料中心。[50] 此外，已有十余家企业，包括诺华、安进、凯杰、勃林格（Boehringer）参与了该项目。

直至今日，萨克森州的生命科学事业还在发展之中。2014 年，卡尔·古斯塔夫·卡鲁斯大学综合医院开放了一处新的研究设施，用于安置一台激光粒子加速器。有了这台先进的设备就可以实现精确的癌细胞靶向治疗，治疗过程对健康组织造成的损伤极小，甚至不会造成损伤。

但“生物萨克森”的安德烈·霍夫曼在过去的数年间看

到，还有更多的睡美人有待唤醒，于是他发起了“生物连接”（Bionection）活动，为创业公司提供了向投资者和其他企业展示自己的平台。[51] 在“生物连接”的第一场见面会上，60 位研究者在轻松的氛围中分别向观众做了限时 10 分钟的项目推介。活动期间还有研讨会和展览会，经验丰富的企业家可以在研讨会上与科学家们分享自己的商业经验，企业则可以在展览会上展示自己的工作成果。

萨克森地区的活动不一定都通过“生物萨克森”组织开展，也不一定都在生物城进行。威廉·措尔吉贝尔（Wilhelm Zörgiebel）是一位杰出的工程师，他与德累斯顿大学综合医院的医生们合作，共同创立了柏泰普公司（Biotype）。[52] 他们开发出了一种DNA检测方法，可以大幅减少检测时间，一天就能测定DNA，此前则需要 4 周时间。除了自己尝试创业，措尔吉贝尔还将一座家具厂的旧厂房改建为生命科学企业孵化器，位置紧邻德累斯顿北部的国际机场。目前这里已经成立了 50 家公司，拥有 400 余名员工。这些创业公司中有两家是措尔吉贝尔自己的公司：Qualitype公司致力于开发能提高法医研究水平的软件，Rotop公司则生产核医学诊断产品。[53]

霍夫曼表示，他对该地区目前取得的成就很满意，然而，要想让世界承认萨克森地区作为重要的生命科学智带的地位，他们还有许多工作要做。2000 年以前，该地区没有任何生命科学相关活动。短短 15 年间，有上百家生命科学企业（生物技术企业和制药企业）在此成立。该地区最大的不同之处正在于此：它并不是从严重衰退中复苏过来的锈带地区，而是一位白手起家的“美人”。

芬兰奥卢：从手机制造到互联医疗

20世纪90年代末，每到手机业的领头羊瑞典爱立信公司（我们曾在第三章中提到过）和异军突起的芬兰诺基亚公司要公布季度财报的时候，瑞典财经报纸《每日产业》的编辑部里都会出现这样的场景，相比于通常的报社办公室，这里倒更像是球赛临近尾声时的体育酒吧：人们因兴奋而躁动不已，每个人都在等着看最终的比分。但在这里，他们想知道的不是哪个队进的球多，而是两家公司谁卖出的手机多。10年之后，三星和苹果取代了斯堪的纳维亚的企业，占据了手机业领导者的位置，诺基亚所在的奥卢地区则不得不寻找新的关注点，该地区最终选择了无线医疗设施和设备。

奥卢大学无线通信中心主任哈里·波斯蒂（Harri Posti）1989年从奥卢大学毕业后，旋即加入诺基亚公司，开始了自己的职业生涯。诺基亚之所以将研究活动集中在奥卢，是因为芬兰政府为其在当地开办电缆公司提供了优惠政策。诺基亚的成功推动了芬兰由造纸、制浆等传统产业快速转向高科技产业。波斯蒂加入时，诺基亚还是一家勇闯新兴手机市场的年轻企业——工程师大多 20 多岁，管理人员大多 30 多岁。[54] 在其巅峰时期，诺基亚在奥卢拥有 15 000 名员工。这里本属于早期智带，然而，诺基亚错失良机，没有抓住智能手机，自此如锈带一般日渐衰微，进而影响了整个生态系统，引起了人们对奥卢前景的极大忧虑。像隆德–马尔默智带和三角研究园智带一样，这里也经历了双重转型：农业和传统制造业中心走向衰落后，再度以科技智带的面貌出现，智带陷入困境后又二次转型，改为从事其他智带活动。

优秀的工程师不一定是大胆的企业家。于是，诺基亚在忍痛裁员的时候，不仅支付了相当于两年薪水的遣散费，还为一些工程师提供了种子资金，帮助他们创业。波斯蒂解释道："诺基亚的衰落显然是喜忧参半，虽然奥卢丢掉了数千个就业岗位，但它仍拥有大量关于基站和射频技术的专业知识。"[55]

凭借坚韧不拔的传统精神，芬兰人将诺基亚崩溃的负面影响转化为诸多创业公司，领域涉及信息技术、医疗技术和清洁技术。诺基亚（未出售给微软公司的部分）的专利为其带来了充裕的现金流，以此为支撑，公司（诺基亚子公司）更名为诺基亚网络（Nokia Networks），专注发展作为物联网基石的智能网络。

如今，奥卢又一次引起了《每日产业》编辑们的关注。奥卢位于芬兰北部，就在拉普兰（Lapland）和北极圈下方，这里的鹅卵石街道、自行车道和传统木制房屋——与芬兰现代建筑相得益彰——掩盖了这座城市经历过的转变。奥卢曾是一座沉寂的乡村小镇，历史上曾以为英国皇家海军制造帆船和柏油而为人所知，如今这里已是高科技中心，汇集了世界一流的研究中心。

奥卢大学位于绿林掩映的城郊地区，与一座商务科技园比邻而居，诺基亚的研发中心就在附近。成群的低层建筑中容纳了该校的 17 000 名学生和 5000 名教职工。来自世界各地的学生正大量涌向这里，留学生遍布大街小巷，他们常去的地方更是人流如织。

诺基亚与奥卢大学就城市管理展开了合作，它们着眼于未来，共同创建了现代版的古希腊卫城（首都雅典的核心要塞），不过这座卫城庇护的是众多创业公司。

科技城包含两座商务园，为奥卢大学和奥卢应用科学大学提供了智力共享的平台，两校分别拥有科学技术研究人员和掌握实用技能的教职员。

这里还为创业公司提供了其他类型的支持，包括一家职业培训中心、国家技术研究中心（VTT State Technical Research Centre，一家帮助企业运用最新技术的公共非营利机构）、管理和技术培训学院、奥卢创新公司（Oulu Innovation Ltd，一家企业孵化器）。

奥卢地区展开了轰轰烈烈的活动，主要集中在生命科学领域。奥卢威尔研究所（WellTech Oulu）是奥卢大学内部的一所机构，负责协调理、工、医各学院的研究工作。此外，该机构还与众多企业密切合作，推动教育发展，提高教育水平。[56] 当地拥有一家大型教学医院和四家医疗中心。

目前，奥卢地区每年会新成立30~50家生命科学领域的创业公司。芬兰的医疗设备产业2012年实现了高达20%的增长率，远超5%的全球平均水平。能实现如此惊人的增长速度，一定程度上是因为欧盟和美国食品药品监督管理局的审批过程并未如预期一般障碍重重。过去，一个新产品要获得批准可能需要花费长达7年的时间，但最近的一款心脏监测仪只用了不到一年时间就获得了批准。

奥卢与其他智带一样，发展中也借助了传统优势——在诺基亚时代取得的无线技术方面的专业知识。奥卢超越了这门知识原来的应用范围，将它用到了新的领域——生命科学。"奥卢商务"组织（BusinessOulu）生物保健产业集群负责人图拉·帕尔门（Tuula Palmen）承认，诺基亚的瓦解释放了医疗技术领域的创新力量。她对我们说："我们现在的目标是将医学领域的进展与尖端的移动技术结合起来。"[57]

奥卢生命科学智带的成员认识到了个体化医疗保健服务的重要性，他们的做法是，尽可能地让患者自己负责自身健康状况。创业公司iSTOC开发了一款软件，可以读取持续监测关键信息的诊断试纸条，用户的智能手机可以对这些信息进行即时分析。借助智能手机传输过来的实时医疗指导，患者（或在场的护士）可以就地进行最常规的检验。iSTOC称，这样最多可以减少70%的总体成本。[58] Odosoft公司开发出了一款胎儿监护仪，与智能手机应用程序一起使用，可以让怀孕的母亲监测腹中宝宝的心率，并以图表形式呈现孕期每周的信息。Spektitor可在急诊室或其他患者分流场合中用于监测成年患者的心率。Polar Electro公司的产品是内嵌于手环、手表和智能手机中的心脏监测仪。Otometri公司首席执行官曼纳·汉努拉（Manna Hannula）的孩子患有复发性耳部感染，受此经历影响，他决定与奥卢大学医院和应用科学大学密切合作，共同开发一种家用耳部感染检测仪。目前，芬兰医生已广泛使用这种仪器，以尽量减少在治疗耳部感染时使用抗生素，因为80%的情况下使用抗生素是毫无必要的。

从提出一个生命科学产品的想法，到最终成为准备投产的商品，要经历艰难的过程。为了进一步了解这些企业如何开展这一过程，我们拜访了欧视博公司（Optomed）。这是一家创业公司，主要设计和生产名为“智能眼”（Smartscope）的手持式视网膜成像设备。公司创始人塞波·科普萨拉（Seppo Kopsala）现年35岁，他说话轻声细语，行事毫不张扬，但与此同时，他又是一个做事严谨、意志坚定的人。他与拉普兰大学的马尔库·布罗斯（Markku Broas）医生联手，希望开发一种新设备，取代当时普遍使用但既昂贵又笨重的台式成像仪。（他的做法让人联想起了李拉海和他设计的心脏起搏器。）与现行的显像设备相比，智能眼功能强大、便携性好、用途多样，正如智能手机之于台式电脑。中国和印度都对欧视博的眼检仪表现出很大兴趣，因为远程诊断对两国广大而欠发达的农村地区具有重要意义。最初，西方国家的医生对此缺乏兴趣，这让投资者很担忧，但许多医生后来转变了想法，开始逐渐接受智能眼。

科普萨拉有着与奥卢众多创业公司创始人颇为相似的故事。他的职业生涯从MyOrigo公司起步，这是一家早期开发智能手机触控屏和用户界面的芬兰公司。三星和苹果将该技术继续做了下去（史蒂夫·乔布斯曾说“我们不想涉足手机行业”），而MyOrigo最终走向了破产。科普萨拉认识到，即便一个好想法已经有了初步可行的原型机，真正的工作也才刚刚开始。领悟了这一点让他在创立欧视博时获益良多。在此过程中，他攻克了多项技术难题，也曾不止一次濒临破产。

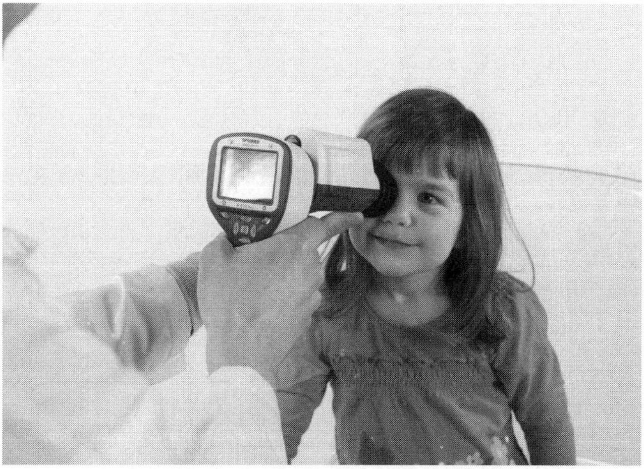

欧视博的“智能眼”视网膜成像设备

图片来源：欧视博公司

除了个人品质（为人乐观、坚韧不拔、能以异于他人的方式思考问题），创业者还需要政府的帮助、开发市场的合作伙伴以及资金。对创业者来说，钱是非常重要的。科普萨拉原以为，他可以用100万美元的投资在两年内开发出原型机。这笔钱有一半来自芬兰创新资助机构芬兰国家技术创新局（Tekes）。但他最终耗时5年、花费1200万美元才开发出了值得潜在消费者和合作伙伴信赖的原型机。待到最终转变为经济上可行的生意，整个过程已经耗时8年。

那些年里，科普萨拉多达70%的时间都用在了和潜在投资者接洽上。2010年10月，他的同事们用他最后的钱开发出了一款具有出色光学设计的原型机，科普萨拉则前往美国与沃爱康（Volk）方面会面。沃爱康公司是一家享有盛誉的镜片制造企业，总部位于克利夫兰，长期以来一直视欧视博为供应商。科普萨拉与沃爱康首席执行官和首席技术官一道走遍了美国各地，造访各家诊所，为眼科医师和验光师做产品演示，还拜访了多位大学教授，宣传自己的产品。科普萨拉回忆道："我遭了不少罪。"但他最终说服了沃爱康公司。[59] 沃爱康取得了该设备在北美和南美的独家经销权，沃爱康的母公司英国豪迈股份有限公司（Halma Plc）投入200万美元将产品推向了市场。

欧视博于2011年春季推出了首款产品，产品虽不完善，但具有商业可行性，得到了市场尤其是小儿眼科医生的认可。小儿眼科医生在给孩子看病时喜欢使用这种手持式设备，因为让孩子老实坐在传统视网膜扫描仪前并非易事。在发展中国家乡村地区提供眼病筛查外展服务的医生和新兴市场的客户也很欢迎这种产品。印度亚拉文眼科关爱中心（Aravind Eye Care System）实施的白内障手术比世界上任何一家医院都多。亚拉文致力于成为“眼部手术领域的麦当劳”。借助欧视博的手持式眼检仪，亚拉文已将眼部手术简化为流水线式的过程，手术时间减至 2 分钟（通常需要 40 分钟），手术成本降低了 99%。

如今，欧视博销售额的增长和影响力的提升，再加上成功吸引了来自美国（沃爱康）、欧洲（蔡司）、日本（佳能）的合作伙伴，让科普萨拉坚信，公司拥有光明的未来，并且能在生命科学领域引起震动。同时这也让他了解到了智能制造的概念。他原以为会在中国或泰国进行生产，但他真正开始生产的地方却是奥地利，并且很快就会迁至奥卢。原因何在？他回答说：“工厂需要接近设计出智能眼的工程师，你需要大量工程技术的支持，还必须能快速打入市场。”

医疗设备领域的挑战与机遇

虽然医疗设备领域，尤其是可穿戴医疗设备取得的发展极为振奋人心，但这一领域内仍存在不确定性和让人忧心的问题。所有这些数据要怎样处理？通过政府和保险计划进行支付的情况又如何？

尽管顾虑重重，生命科学和医疗设备领域的创新仍是当务之急，并且机遇众多。目前，美国和北欧是医疗设备产业的领导者。虽然世界各国都可以制造橡胶手套、体温计、注射器等简单的医疗产品，但心脏起搏器、假肢、植入物、手术机器人等高附加值的复杂医疗设备仍由西方企业主导生产。智能远胜廉价，这一点在生命科学产业表现得可能比其他任何产业都要明显。

生命科学产业为人称道之处在于，从业者具有创造性思维，行业薪金丰厚，既能拉动出口和GDP增长，又能促进就业和创新。（尽管相当大一部分装备业务都外包给了墨西哥、爱尔兰、哥斯达黎加、中国、波多黎各等国。）仅就美国而言，就有超过40万人从事医疗设备行业，且绝大多数都是高薪、高技术岗位。美国有6500家企业从事这一产业，全世界最大的46家医疗设备生产商中，有2/3是美国公司。[60] 美国还有137所医学院和近400所教学医院，它们都是产业创新的重要合作伙伴。[61] 欧洲在此领域同样拥有骄人的成绩。美国有52万人从事生命科学产业，欧洲从业人员则超过57.5万人。欧洲有25 000余家公司从事生命科学产业，其中95%是中小企业，大部分是德国企业。这些欧洲企业的年营业额可达1000亿欧元。纵观全球市场，美国所占份额约为39%，欧洲占28%，日本占10%。[62]

没有顶尖大学和世界著名医院之间的智力共享，医疗设备产业就无从谈起。这就是为什么医疗设备产业会高度集中于知识中心地区，例如我们曾探访的美国明尼阿波利斯和波特兰，再如以苏黎世、埃因霍温、德累斯顿、奥卢为代表的欧洲顶级知识中心，以及剑桥/波士顿、硅谷等知名知识中心。

医疗器械产业若想再续辉煌，必须先解决一些重要的问题（事实上，这些问题涉及我们关注的所有领域），包括政策问题、教育和培训问题、资金问题、基础设施问题以及文化问题。

THE
SMARTEST
PLACES
ON
EARTH

第五章

智能制造的五个关键领域

智力共享如何应对 21 世纪的挑战

未来正孕育于世界各地的智带和创新地带之中，其中有些地方我们已经探访过，并在书中做了详述，有些笔者只能一笔带过。还有更多的智带仍在形成，尚未崭露头角。摆在我们面前的既有空前的机遇，也有巨大的挑战和不确定性，还有难解的问题。大容量芯片、新材料和生物科学新发现将如何影响我们的日常生活、工作方式乃至我们所在的世界？它们能否让人类更高效地工作、更快乐地度过一生？它们能否在一定程度上缓解社会紧张关系、减少社会不公？它们能否扭转20世纪人口向郊区外流的情况，创造出功能更完善的城市？它们是否有助于减轻气候变化的负面影响？能否帮助我们解决全球人口老龄化问题？

有不少人担心，科技的进步能解决多少旧问题就能带来多少新问题，但我们坚信，与传统企业生产的产品相比，通过智力共享开发出的智能产品更有助于我们解决问题。产品开发过程本身已经决定了这一点。传统企业的工作模式既封闭，又孤立；而智力共享过程会涉及多门学科，要接纳各方意见，各个学科、各种意见既可以相互促进，又可以彼此制衡。

因此，本章中我们将介绍借由智力共享活动构想、创造出来的智能新产品、新服务和新技术，看看它们将如何帮助我们应对当前的诸多挑战。它们带来的影响有些我们已经看到了，有些我们可以合理地推断出来。我们将着眼于五个关键领域：住房和社区、办公室和工作场所、城市和农业区、环境以及交通。智能产品和智能服务能将这些领域内的 21 世纪难题尽数解决并缔造出一个理想国吗？不尽然。它们会带来与开发过程本身直接相关的新问题吗（正如大规模生产方法一样，固然可以满足重要的人类需求，但也会对环境和人类健康产生不良影响）？大有可能。它们对解决已知的 21 世纪难题是否大有裨益？我们认为答案是肯定的。

智能能源和气候变化：消费者变为生产者

如何减少我们对加剧气候变化的能源的依赖将是 21 世纪

最大的挑战之一，甚至可以说，这就是最大的挑战。要减少对这些能源的依赖，一方面必须提高家庭、建筑、飞机、汽车、机器的能源利用率；另一方面，我们还需在继续使用太阳能、风能、生物燃料等可再生能源的同时降低其成本。这些新能源如果能与新储能技术结合使用，所获收益必将远胜于能源技术进步本身带来的收益。从哈得孙科技谷到罗利、波特兰，从德累斯顿到奥卢，一路走来，我们看到，各地的研究人员和创业公司都在朝着更高效地使用能源这一目标努力，他们的最终目标是将能源消费者转变为能源生产者。譬如在北卡罗来纳的百年纪念校园，ABB 公司正与高校研究人员合作开发智能电网的元件；而在德累斯顿，一批企业正在进行一项由欧盟赞助的科研项目，力图开发出能提高能源效率的芯片和传感器。

2014 年出现了意外之喜，有迹象表明，遏制气候变化已经取得了进展，全球碳排放量第一次没有上升（无关乎经济衰退）。[1] 这大抵要归功于发达国家提升了能源效率，加之中国等新兴经济体承担起了更多的责任，以及可再生能源的地位日益攀升。

提高能源效率——由高污染的煤炭转向页岩气（至少美国是这样做的），[2] 稳步降低可再生能源的成本，尤其是太阳能电池板和风力涡轮机的成本——将从根本上改变人类社会的供能方式和能源消费对地球的影响。大幅提高能效的 LED 灯具、服务器机群和供热系统的热能回收、利用传感器和数据分析进行精准调控的空调、住宅和建筑中的高级蓄电池和分布式发电设备——上述种种技术进步都将减少能源需求。光伏电站、风力发电厂等可再生能源系统的供电量将会增加，一方面是因为它们在诸多领域中都具有价格竞争优势，另一方面是因为它们用于大规模发电的经济可行性正在逐步提高。

电网同样需要变得更加智能。电网系统将逐步变为混合系统，传统的用电者将转变为能源生产者。家庭、商铺乃至汽车都可以产能、储能，有时产能过剩，可以将多余的能源回馈给电网，有时能源自给不足，又会从电网中购电。这就需要在住宅和建筑中使用太阳能屋瓦和太阳能玻璃窗，还需要有低成本的蓄电池，[3] 要实现上述目标仍然任重而道远。

市场多久才会接受工业级的电池储能技术，这个问题仍有待观察。通用电气公司旗下的蓄电池工厂就建在斯克内克塔迪（Schenectady，美国）锈带的中心，这里一度是通用涡轮发电机的生产地。通用电气公司希望，到 2020 年，电池业务年收入能达到 10 亿美元。2013 年 8 月，我们参观了通用电池厂，并拜访了该厂总经理普雷斯科特·罗根（Prescott Logan）。罗根十分看好厂里生产的独拉松（Durathon）钠镍氯化物电池的前景。[4] 他认为，这种电池既可用作手机信号塔和风车的备用电源，又可用于微电网和太阳能储能系统，因而有望创造出巨大的利基市场。然而，通用公司的技术合作商个个举步维艰，销售业绩惨淡，生产已经停滞。尽管包括加州和纽约州在内的某些州已明令要求，2020年之前，所有太阳能发电设施必须配备吉瓦级别的蓄电池，但电池采购过程一直推进缓慢。

数以千计的研究人员一直在追求电池技术的进步，然而技术突破绝非易事。麻省理工学院材料科学与工程教授、24M科技公司联合创始人兼首席科学家蒋业明独辟蹊径，开发了一种流程更简单、成本更低的锂离子电池制造工艺，这种工艺还会使电池更坚固、更高效。蒋业明已取得8项专利，募集了5000万美元的风险资金，并获得了由美国能源部提供的450万美元资助。现在已有一万多位用户正在试用蒋业明的发明，他对2017年开始投产抱有厚望。[5]蒋业明的24M公司初期将以生产智能电网电池为主，但从长远计，公司瞄准的是电动汽车市场。卡内基–梅隆大学的文卡特·维斯瓦纳坦（Venkat Viswanathan）认为，24M公司的创新可能会打破电池制造业的格局，就像“小钢铁厂对综合钢厂的冲击”一样。新工艺可以减少80%的生产时间，节约一半以上的生产成本，节省的时间和成本将使配备电池的电动汽车在与碳燃料汽车的竞争中更具优势。[6]巨型电池（冰箱大小）得以实现进一步推动了本地发电，特斯拉公司（Tesla）正在扩大规模，以生产这种电池。壳牌公司表示，在风能或太阳能充足的地区，这类电池拥有广阔的前景。[7]

电动汽车电池可能会对能源网络产生重大影响。2009—2012年，丹麦研究人员开展了一项名为“爱迪生”的研究项目，旨在评估汽车向电网回输能源的各种方式（称为“汽车到电网”技术或V2G技术）。[8]研究团队成员分别来自IBM、丹麦东能源集团（Dong）、西门子以及博恩霍尔姆岛（丹麦沿岸岛屿，该岛完全使用可再生能源，因此研究活动在此地开展）有关部门。电动汽车电池可以存储风力产生的过剩能源，“爱迪生”项目团队要做的就是评估其中的潜力。电网需电时，电动汽车电池会向电网回输电能，车主将因此得到补偿。

这种系统目前尚未开始运营，但它很好地展现了电力产业如何能最终发展为分布式电网。能源产出的主体将不再是传统的公共事业公司，而是消费能源的家庭和企业，他们（或它们）既产出自用的电能，同时也为电网供电。这将对公共事业公司产生革命性的影响，它们的作用将转变为维护系统稳定，对能源进行再分配，而不再是生产能源。只有在需要调整供需平衡时，它们才会生产能源。

市场的演进方兴未艾，面对这一新变化，德国能源生产商莱茵集团（RWE）于2014年进行了重组，整合了旗下传统的发电厂，将其变为独立的控股单位，并将公司的重点放在可持续能源生产上。与此相仿，其他公共事业公司也将不得不重新审视自己的企业宗旨、企业结构和企业流程，以便在这个消费者即业务合作伙伴的世界里生存下去。在这个新世界里，利用传感器和数据分析实现最优能源分配将比传统的集中发电更为重要。在美国和欧洲的一些城市，已经有人筹划起合作组织，力图使此类能源项目更富成效。随着越来越多的生产者加入此列，他们将不再那么需要眼下赖以生存的补助和奖励。随着这些合作组织不断扩张、日益普及，以及我们对碳能源的依赖越来越小，毫无疑问，能源政策、商业模式、收费结构也将不得不从根本上进行改变。通信市场也经历了相似的转变，就像当初移动电话撼动传统电话网络一样。

无人驾驶和电动汽车的未来

纵观未来的挑战，其中必然包括最突出、最普遍的交通运输问题，而在交通运输问题之中，又尤以汽车为甚。2013 年 7 月的阿斯彭思想节（Aspen Ideas Festival）期间，硅谷风险投资家、亿万富翁约翰·杜尔（John Doerr）在他主持的一场小组讨论上，向四位年轻的工业设计师抛出了这样一个问题："哪项日常生活科技能从颠覆性的重新设计中获益最多？"

答案就在眼前：汽车。

研究期间，我们了解到，汽车乃至整个交通运输系统的革新在世界各地的智带备受关注，是高级芯片和新材料研发活动的一大焦点，关注者包括：位于加州的谷歌、特斯拉、苹果实验室；从远在匹兹堡的卡内基–梅隆大学聘请机器人科学家的优步公司（Uber）；梅赛德斯、宝马、丰田等汽车制造商的研究中心。

数十年来，拥有汽车一直是中产阶级财富的象征。但由等级森严、高度封闭、尾大不掉、不善合作的公司进行的大规模汽车生产和20世纪大行其道的私家燃油车为21世纪制造了不少麻烦：高度拥挤的市区、令人厌倦的堵车（有研究指出，交通堵塞还有害健康）、每年造成上百万人殒命的交通事故以及导致全球变暖的温室气体。

作为私人交通工具，汽车发挥的作用是不容否认的，但它带来的问题也不容小觑。我们往油箱里加的油中，真正用于把驾驶员（约75%的车主独自驾车）从A点移动到B点的油只占1%！剩余99%都用在了沿途推着这个重达4000磅（约1.81吨）的铁皮箱子上。此外，一辆汽车终其一生，大部分时间都处于闲置状态。即便是在上下班这样的使用高峰期，路上80%的车也都是停着动不了的。对汽车及围绕汽车的交通运输系统进行彻底的重新设计是大势所趋，并且刻不容缓。

创造下一代汽车无疑是一项需要智力共享的工业活动，必然要有各方的参与，包括拥有大量资源的老牌企业、有针对性专业知识的创业公司、高效且积极参与的政府机构、有突破性研究发现的教育机构、先进的制造设施以及能把上述不同元素整合起来形成生产计划的精明领导者。我们在各地都见到了这样的工业活动，例如加州山景城（MountainView）和匹兹堡 的谷歌公司、加州的帕洛阿尔托（Palo Alto）和弗里蒙特（Fremont）的特斯拉公司、斯图加特的梅赛德斯公司以及阿克伦大学的聚合物项目。

毫无疑问，下一代汽车终将问世，距离实现的那一天已经不太遥远。这不足为奇。至少从20世纪70年代初防抱死制动系统出现的那一刻起，智能技术就已经开始走进汽车领域了，目前汽车领域已采用了包括交互式仪表板、后视摄像头、GPS（全球定位系统）在内的多项智能技术。特斯拉[9]、梅赛德斯、沃尔沃、宝马等公司正通过综合使用GPS、雷达、传感器实现一系列功能，例如保持固定车距、平行停车、自动校正转弯等。汽车还可以在遇到“物体”（行人和骑自行车的人）时提前刹车，因为汽车可以比驾驶员发现得更早。这些企业和谷歌等汽车产业的后来者一样，也在与当地高校、研究中心、芯片制造商、大数据处理机构进行密切的合作。

现在我们来谈谈无人驾驶汽车，也称自动驾驶汽车。2004年，美军主要研究机构美国国防部高级研究计划局（DARPA）[10]发起了名为“大挑战”（Grand Challenge）的比赛，希望以此推动自动驾驶汽车的发展。这项开创性的赛事将来自斯坦福、卡内基-梅隆、麻省理工等高校和大企业（包括通用汽车、大众等公司）的研究人员集结在了一起，以期实现雄心壮志，创造出能在公路赛中一争高下的原型车。然而，事与愿违，挑战太过艰巨，没有一辆无人驾驶汽车能穿越莫哈韦沙漠（Mojave Desert），走完150英里（约240公里）的赛程。这些原型车里，跑得最远的一辆行驶了7.3英里（约11.7公里），最终在一次转弯时没有转好，卡在了岩石上，只得放弃比赛。当年的 100 万美元现金大奖没有颁出去。

2005 年，为了进一步鼓励“大挑战”赛的参赛者，美国国会将比赛奖金提高了一倍，达到 200 万美元。斯坦福大学团队和卡内基–梅隆大学团队带领的五辆汽车成功跑完了全长 132 英里（约 212 公里）的赛程，途中经过了狭窄的隧道、蜿蜒的山路以及上百个转弯。两次挑战赛后，谷歌公司成了无人驾驶汽车领域的领头羊，在“大挑战”赛原型车的基础上，开发出了首辆功能齐全、可以合法上路的无人驾驶汽车。2007 年，谷歌公司聘请了塞巴斯蒂安·特龙及其团队的其他工程师。正是特龙主导了 2005 年“大挑战”赛斯坦福大学冠军机器人汽车的研发过程。国防部高级研究计划局的“大挑战”赛还在继续，2007 年，比赛路线由沙漠转向了 60 英里（约 96 公里）长的城市赛道。

但直到 2011 年，内华达州才在谷歌的大力游说下立法，允许无人驾驶汽车在公共道路上行驶。2012 年，佛罗里达、加利福尼亚两州也紧随其后，将无人驾驶汽车合法化。自此，由 12 辆测试车组成的谷歌车队已实现了 80 万英里（约 128 万公里）以上的零事故行驶，途中顺利通过了如织的车流、羊肠般的弯道乃至旧金山让人头晕目眩的山路。然而，仍有一些问题需要解决，包括对信号灯做出反应、如何在雪后易打滑的路面上行驶等。

谷歌有望从根本上改变我们对汽车的看法。在2014年5月《纽约时报》的一次采访中，[11]谷歌无人驾驶汽车项目负责人克里斯托弗·厄姆森（Christopher Urmson）表示，作为公司的初期重点，谷歌从头开始，设计了一款没有方向盘的电动汽车，这种车仅限在城市和郊区使用，不能上高速公路，最高时速25英里（约40公里）。汽车采用雷达和传感器进行导航，能进行360度全方位感应，感应范围600英尺（约183米）。乘客通过手机应用程序选择好目的地后，汽车就会发动。这种车符合美国联邦及各州的所有法律法规。

正如我们所见，智力共享是开发智能汽车的必由之路。政府机关、学术机构、汽车企业、科技企业通力合作，提供资金者有之，提供最新技术（传感器和雷达、芯片、无线仪表、高性能电动引擎）者亦有之。意志力和精诚合作让我们离实现智能无人驾驶汽车又近了一步。

上述车型不断发展，同时又有新的车型涌现出来，这些汽车很可能会有一个重要的共同特征：都是电动汽车。特斯拉正是以主张电动汽车而闻名。特斯拉曾以全电动汽车在整个行业乃至全世界引起轰动。公司在全美各地都建有免费的超级充电站，并且宣布，为了提振亚洲低迷的销售业绩，在未来几年里，将在中国建设400个同样的超级充电站。[12]在丹麦、瑞典、荷兰等欧洲国家，大都会区及周边地区也在不断发展电动汽车基础设施。各大汽车制造商一直希望燃起人们对电动汽车的热情，经过多年努力，如今它们的电动车型正越来越受欢迎。谷歌公司的无人驾驶汽车就是由电力驱动的。苹果公司也不甘人后，投入了大量资源（包括一个配备了1000名工程师的团队），开发自己的电动无人驾驶汽车。[13] 几乎可以确定，未来将是电动汽车的天下。

智力共享在上述替代车型的开发过程中起着至关重要的作用，在无人驾驶汽车的开发中表现得尤为明显，它关系到一个非常重要、值得多做讨论的问题：道路安全。车型开发过程中，道路安全的主要目标是减少交通事故的数量，而将死亡人数减少为零又是重中之重。要想实现这样的雄伟目标，就需要各方面协调一致、通力配合，其中会涉及各种各样的参与者，包括：交通信息、气象信息等多种数据流的所有者和分销商，GPS软件开发商，传感器、监控器芯片制造商[如恩智浦（NXP）和英特尔]，理工科院校，苹果、谷歌等科技巨头，通用汽车、梅赛德斯、沃尔沃等汽车产业领军企业。只有上述各方都参与进来，参与到开发、智能制造、管理等各个环节中，才能保证无人驾驶汽车安全高效地行驶。换言之，无人驾驶汽车可以自主驾驶，但在设计、开发过程中绝对不能自主，而是要依赖先进、协调、讲求合作的智力共享生态系统，我们旅行中所见、书中所述的正是这种智力共享生态系统。

汽车产业的这种转型生动地阐释了如何能并用各种不相关的新技术，创造出一种强大的新模式，在此模式下，一加一要大于二。未来汽车的方方面面都会有所不同：制造方式、动力方式、制造材料、所有权形式、操作方式等。这些变化反过来又会有助于解决 21 世纪的关键挑战：（通过减少碳排放来解决）气候变化问题、（通过缓解日益扩张的城市地区的交通拥堵来解决）城市化问题、（通过减少交通事故及死亡人数、缓解通勤压力、让老年人行动更方便来解决）公共健康问题、（让人们更容易以更低价格获得更安全的汽车，以此解决）社会凝聚力问题。

因此，智能汽车是实现更智能、更高效、更公平、更安全的社会的关键一环。

近在咫尺的智能农场

21 世纪还有一个棘手的问题，那就是到 2050 年，全球人口预计将达到 90 亿，如何才能养活这么多人口？在解决上述问题的过程中，通过智力共享取得的技术进步能发挥怎样的作用？随着全球人口不断增长以及对当地农产品的需求日益旺盛，新一代温室、自动挤奶等技术创新将重新定义我们生产食物的方式和地点，进而满足持续增长的需求。这也是那些世界上最智能的地方正在探索的问题。在硅谷附近，高科技创业公司正通过部署无人机、分析大数据来帮助农民提高产量。不仅硅谷，荷兰瓦赫宁恩（Wageningen）、瑞典隆德这样默默无闻的地方也在进行同样的探索。瓦赫宁恩就未来的温室开展了大量研究工作，隆德则重点关注用机器人挤奶。

美国是世界上最大的食品和农产品出口国，约占世界出口总量的11.5%，这一点不足为奇，但榜单上排名第二的国家着实出人意料：荷兰。一个人口稠密的弹丸之国（国土面积不足美国的0.5%）竟占世界食品出口总额的7.5%。荷兰如此突出的表现得益于多方面因素，包括高产高效的农业部门，瓦赫宁恩大学、农民合作组织和私营企业间的智力共享，以及有力的市场营销。

瓦赫宁恩大学最初是一所培养农民的职业学校，学生主要来自荷兰本国。但如今，该校已是该领域内世界排名第二的大学，学校课程备受推崇，有近半数的研究生来自国外。在欧洲，只有少数几所高校的学生可以将学分转至任意一所教育机构，该校就是其中之一。瓦赫宁恩大学的合作对象包括顶尖的本地农业研究所以及瑞典和世界各地的同类机构。瓦赫宁恩的研究人员正在探索如何提高荷兰农业的可持续性，此外，他们的研究内容还包括如何在气候变化的大背景下解决中亚地区的粮食安全问题、如何提高非洲的粮食产量。同时，研究人员还与Plant-e、Micreos Food Safety等创业公司保持着紧密合作，其中Plant-e公司正在探究如何利用活体植物发电，Micreos公司则将目光投向了利用“有益”菌替代抗生素。这项工作展开的基础是“微生物组计划”（Microbiome Project）产生的大量新数据。“微生物组计划”是一项全球性项目，旨在测定人体微生物组的基因足迹。微生物组充满人体肠道，有着极其重要的作用。[14]

荷兰最为人熟知的无疑是其给人留下的传统印象，一个拥有郁金香、黄水仙花海的旖旎国度。然而，正如许多刻板印象一样，这种印象虽算不上错，但它既片面又过时。如今，荷兰大多数的花卉、植物、蔬菜都是在温室里培育出来的。

不过这些可不是什么随随便便的温室，而是由“未来温室”计划开发出的先进温室。1997 年，荷兰政府和荷兰种植者协会达成了一项决议，根据决议，它们提出了“未来温室”计划，其宗旨是减少污染，提高能源效率。项目最初的目标是找到控制温室内部温度的方法，以满足不同作物的特殊需求，同时还要将温暖时期产生的热量储存起来，在天气变冷时使用。上述目标据信可以通过结合热电联产与热能存储技术来实现，热能存储技术可以将多余的热量存储在地下含水层中，最后将电能回输到电网里。

这一概念最终得名“闭路温室”，荷兰番茄生产商 Themato 公司于 2001 年率先建起了这样的温室系统。[15] 随后的十余年间，对温室进行现代化改造的种植者越来越多，其结果是，花卉和蔬菜种植者的发电量目前已占荷兰总发电量的 9%。

随后，温室技术又有了新进展。当时，美籍荷兰人凯西·豪厄林（Casey Houweling）打算在洛杉矶北部小镇开展种植业务。于是，豪厄林请荷兰KUBO公司针对加州南部这种极热气候专门设计一款温室。[16] 为满足豪厄林的要求，KUBO将重点放在了采用温控设备上，即利用风扇调节温室内部的气温。这种名为“Ultra Clima”的温室于2009年开始投入使用。目前，美国的犹他州、法国、斯洛文尼亚、墨西哥、俄罗斯等国家和地区也都有相似的项目在运作。豪厄林的番茄在全食超市（Whole Foods）的可持续性评级中被评为“最优级”。他在加州拥有一座125英亩（约50公顷）的温室，由于温室中全年均为生长季，这里一个常规生产季的番茄产量可与3000英亩（约1200公顷）的传统农场相当。不仅如此，温室还采用了闭合回路循环用水系统，这对贫水州来说是极为重要的优点。2015年9月，在拜访期间，我们从洛杉矶驱车一个多小时来到了豪厄林的温室，眼前是大规模温室里一颗颗熟透的番茄，与周遭干涸的土地形成了鲜明的对比。此番所见，让我们感触颇深。[17]

温室技术还在不断进步。温室内光的质量和强度对运营效率、产品质量同样有着重要影响。2014年，芝加哥的绿识农场（Green Sense Farms）和飞利浦宣布进行合作，共同开发室内农场，两家公司希望借助LED照明将植物的生产率推向极致。[18] 从飞利浦方面来说，公司正在拓展自己的知识，探究光对植物及其生产能力的影响。据飞利浦园艺照明业务负责人乌多·范斯洛滕（Udo van Slooten）介绍，每种植物都有适合其生长的特定波长，在这种光的照射下，植物的生产率最高。他解释道："我们已经为不同的植物品种调配出了'光配方'。"[19]与此同时，绿识农场也在一间旧仓库中展开了实验，它要研究的是使用垂直水培生产技术配合矿物培养液替代传统的土壤，生产中完全不需要直接照射日光。使用多层种植架可以充分利用温室内部的空间，进而提高生产率。它还完全避免了有害的农药、化肥、防腐剂，植物因而可以在有机的环境中生长，几乎不涉及任何化学药品。对消费者和公众健康来说，这是又一喜讯。

与一年两熟、三熟相比，这样的生产设施革新有望实现一年20~25熟，同时能源消耗也降低了85%。发展中国家的粮食短缺问题和加州等地的缺水问题有力地证明了："智能"不仅关乎制造业，还关乎农业，"智能"有助于提高农业的生产率、可持续性和能源效率；它还有一个额外的好处，那就是消费者可以以超市价享受到本地出产的有机食品。

智能生产涉及各种各样的生产方式，并非都单纯依赖机械和电子产品。20世纪90年代，在乳品行业内推行机械创新带来了诸多技术进步，譬如能控制奶牛摄食习惯的个体定制电子项圈以及最早的挤奶机器人。瑞典利拉伐公司（DeLaval）和荷兰雷力集团（Lely）是这一领域的翘楚。[20]它们开发出了自动化牛舍——用传感器监测、控制奶质，用自主导航机器人清扫地面，其他机器人则负责根据每头奶牛的需求投送饲料。此类设施在发达国家已经比比皆是，不足为奇。奶农可以以数字方式追踪牲畜，对采集到的信息进行管理，进而创造出更有效的产奶设施。

乳品行业生产率和价值的提升并未止步于农场，整个生产流程都在经历一场革命。我们在荷兰阿默斯福特（Amersfoort）会见菲仕兰坎皮纳公司（FrieslandCampina）[21]首席技术官埃莫·迈耶（Emmo Meijer）时，他向我们解释了荷兰何以成为全球农业研究的领头羊：“在这个国家，你可以了解到食品方面全世界最权威的研究和最前沿的知识。荷兰食品行业2013年的研发费用占销售额的6%，只有丹麦（7%）比荷兰多。”[22]

菲仕兰坎皮纳利用这些专业知识，解决了生产中长期存在的质与量的取舍问题。例如，乳制品生产商一味强调牛奶、黄油、奶酪产出的最大化，严重轻视了生产的质量，这种情况一直持续到最近。以乳清为例，这是当前牛奶加工模式中的“副产品”，在现有生产工艺中并未得到利用。菲仕兰坎皮纳从2005年开始展开了研究，希望研发出能使所有产物都达到最优品质的替代工艺。

新工艺开发出来后，在试点中取得了良好的效果，于是，公司于2010年开设了工厂，全面投产。这是一座典型的牛奶“精炼厂”，分离出乳脂后，剩余的液体会相继通过多层过滤膜，膜孔依次变宽 。微生物的体积相对较大，因而细菌是最先被过滤出去的成分。接下来会相继过滤出酪蛋白、乳清蛋白和乳糖。迈耶解释说：“新工艺能提供高品质的产品流，包括用于生产奶酪的酪蛋白、用于生产婴儿食品的乳清蛋白、用于制备药物的乳糖。”要确保我们有限的自然资源能满足不断增长的需求，其关键就在于以创新促效率，菲仕兰坎皮纳的牛奶精炼厂正是这样的典范。

智能农场完美地诠释了机器人、传感器、清洁能源、水资源管理、生物技术、信息技术等先进技术如何能合而为一，服务于由企业、高校、地方社区等构成的生态系统，为大幅提高生产率助力。智能温室、垂直水培生产、下一代照明设备等技术创新将大大提高现代农业的生产效率，同时也将在食品生产本地化、产量最大化方面发挥重要作用——这些技术可在全球范围内推广应用。人们越来越渴望能吃到当地种植的食物，在大城市的仓库里、屋顶上培育蔬菜等农产品正好解决了这个问题，同时还减少了对化肥和农药的需求。对长途运输的需求减少后，运输行业的整体碳排放量也将随之降低。智能农场可以为气候炎热的发展中国家提供机会，让这些国家的农民能随心所欲地在任何地方种植新鲜的蔬菜，这大大有助于解决全球饥饿、粮食短缺、分配不公等 21 世纪难题。

智能城市：技术造福社区

城市化是 21 世纪的主要趋势之一。城市的人口、面积、影响力都在不断增长，这种现象在新兴经济体中尤为明显。城市当前的转变方式已经背离了城市的传统定义：在广阔的土地上蔓延，包含多个中心，分为富人区、贫民窟等截然不同的子实体，人口规模空前膨胀。在“旧”经济体中，千禧一代正在扭转20世纪人口向郊区外流的趋势。城市化带来了巨大的挑战，包括住房、服务的供应、粮食生产和分配、公共健康，乃至个人抗逆力等等。我们在本章中探讨的所有智能技术——能源、交通、粮食生产、数据分析——以及其他许多未曾谈及的技术都将在缔造未来城市的过程中发挥自己的作用。

以城市交通为例，城市交通面临的挑战还有一个更恰当的说法，那就是对移动能力的挑战：建立起能让市民便捷、安全地在各处移动的系统，这种系统既要符合紧凑的城市设计，又要能满足老人和儿童个性化的需求。就汽车和交通相关问题而言，郊区及乡村地区与市区的情况截然不同。身处市区，在相对封闭的区域内从一处移动到另一处着实是一场旷日持久的斗争，要面对汽车、卡车、出租车、公交车、货车、火车、地铁、自行车、人力三轮车、摩托车、滑板、电动轮椅、黄包车、机动三轮车等，有些城市还有缆车、快速公交系统、自动人行道和自动扶梯，当然，还得算上男男女女、高矮胖瘦、老幼病残等各色行人——所有这些都在街道上往来穿梭着，时刻与拥堵和污染做着斗争。有些产品或技术能带来更清洁、更小巧、更方便、更安全、更廉价的运输方式，进而提升移动能力，我们应该致力于实现这样的产品和技术。此外，无人驾驶汽车和拼车也是大有可为的交通问题解决方案。

城市人口的食品供给形势十分严峻：城市需要大量各种类型、各种价位的食品，需要不间断的供给，这有助于保持城市的健康和吸引力。城市农业和本地农贸市场的崛起可以提高我们的饮食水平，增进我们的社区归属感。本地农贸市场一般开设在公共空间内，居民可以在此买到当地出产的农产品。公共空间（包括公园、交通枢纽、居民区等等）的复兴，再加上欧美国家对减少犯罪的重视将重塑我们对城市的看法，我们将重新审视城市系统、城市组织以及身处其间的居民。推而广之，这也将彻底转变我们头脑中有关城市的概念。

重新设计、再度利用公共空间已然是一种合作活动，参与者甚众，企业家、建筑师、开发商、居民、企业、地方官员均在此列。以荷兰埃因霍温为例，当地一家名为STRP的组织——位于斯特莱普（Strijp），这里曾是飞利浦早期工厂之一——立志要将艺术、科学、社区融为一体，[23]为此，STRP办起了双年展。这是一场技术和艺术的盛会，每两年举办一次。活动为“高新技术”和“高雅艺术”的践行者提供了定期会晤的契机，科技从业者和艺术家在此相聚，携手创造出既高产高效又具有审美意趣的产品和解决方案。

照明是改善公共空间的又一重要因素。通用电气、飞利浦、欧司朗（原属西门子）等企业目前正在研究新型智能照明方案。传统灯具、灯泡在适应不同环境方面未能尽如人意，与此不同，新型照明系统将具备更强的适应性，能够适应多种多样的场合与环境。这些公司正在与地方政府和居民进行紧密的磋商，以提出照明解决方案，满足人们的要求，实现同一地点的照明系统能根据环境变换光的颜色、质量和强度。照明系统中会加入传感器，以此调节照明设备，依据季节、时段、街道和广场上的活动情况及其他输入信息变换光线。新照明系统通常会使用LED元件，因为与卤素灯泡相比，LED的运营成本更低。上述企业还仿照共享经济模式，将照明设备租借给市政机构。市政负责电费，照明供应商则负责维护、升级设备。

这些新兴的智能城市元素——包括新型交通运输、能源管理、食品生产和基础设施设计——只能借由智力共享实现，需要每一位城市居民的参与。一旦事成，我们相信，“乡村”心态将重归大城市，尤其是回到年轻人中间。关于这一点，我们已经可以在共享经济中一窥端倪。共享经济的基础是Airbnb、ZipCar这样的服务共享，现在这种共享已经延伸到多种产品和服务，包括工具设备、不动产等。这种形式的智力共享和合作已经超出了技术创新的范畴，成为重塑城市的力量。

数据：既大且智?

写作本书时，我们要在网上进行大量的研究工作，因而十分清楚网络搜索工具在短短数年之间经历了怎样的变化。谷歌搜索现在可以提供比原本要查询的内容更为丰富的信息，这种情况同样适用于脸谱、亚马逊、领英等其他热门网站。谷歌为用户提供了大量可能与搜索字条相关的内容，但这样做的不只谷歌一家，苹果、三星、微软等公司也在做着同样的事。只要允许这些公司通过GPS数据、电子邮件、通讯录、日历获取你的个人行为和个人信息，它们给你推送的信息就会越来越丰富，越来越精准。

将上述数据收集起来，加以分析、管理，最终进行利用，这个过程一般被称为“大数据”。大数据自有许多好处，但同时也衍生出不少有关隐私和安全的尖锐问题。信息收集如今日益普遍，已经不再是信息技术公司独享的领域。欧美两地各类耐用品生产商也开始青睐服务型产品。通过采用内置传感器等新技术，这些企业正在大量收集数据，以期为客户提供新的服务。

2003年，一项由芬兰科技产业协会 、芬兰政府、芬兰国家技术创新局（芬兰负责资助创新项目的机构）[24] 共同推动的项目帮助多家公司实现了转型，这些企业由特定解决方案提供商转变成了“价值合作伙伴”。有30家企业参与到了这个项目当中，其中包括通力（Kone）、瓦锡兰（Wärtsilä）、诺基亚、芬宝（Finn-Power）、法斯顿（Fastems）、ABB等等。

电梯制造商通力的案例展现了项目的成果。这家长期以来只提供电梯维修服务的公司开发出了一套解决方案，可以让客户更好地掌握办公楼、医院等人口密集建筑里的人流情况。随后，通力公司开始与承包商和建筑师合作，共同设计了一座医疗设施（设计中当然包括电梯分布问题），设计中纳入了医生和护士输入的信息，以此优化建筑内的人员流动。最终，通力公司重新审视自身后，认为自己不单纯是一家电梯维修企业，更是一家"人员流动"企业。这种新定位对员工的要求是显而易见的，员工除了要有过硬的技术，还必须具备与客户直接沟通的技巧。

随着物联网的日益普及，我们从全球网络中采集数据的能力将进一步提高，因为物联网连接着数以10亿计的物品、设备。然而，为了更有效地收集数据，我们需要确定一套数据共享的标准和协议，以便不断产生的海量信息可以完美地在各种机器、系统间流通。为了建立起这样的框架，英特尔、思科、IBM、美国电话电报公司、通用电气等企业于2014年共同成立了一个开放性会员组织——工业互联网联盟。德国联邦政府曾于2013年初提出过相似的计划，并且参照"第四次工业革命"将其命名为"工业4.0"。[25]

现代科技带来的数据雪崩是传统产业部门界限越来越模糊的原因之一。正如我们在引言部分所说，信息技术产业、服务业、制造业、农业分属不同的经济或产业部门已经是过时的概念。未来的经济将由智能制造业主导，也就是说，信息技术将会与新技术、新材料以及上述传统产业分支融为一体，它们融合的基石正是智力共享。

更多精彩，敬请等待

本章中，我们只谈及了少数几个关键性活动领域。我们关注的都是与21世纪的重大挑战息息相关的领域，特别是那些还在不断发展、不断完善的领域。这些领域发展、完善依靠的是共享智力资源，是利用传感器、芯片和先进材料，是普及智能制造。毫无疑问，这些领域的活动将改变（我们认为是改善）社会结构，而社会结构又决定了我们的生活。

除了技术和工艺之外，同样经历深层次变革的还有人们解决重大问题的方式——依赖智力共享和协同决策。在我们研究过的智带中，我们看到，无论政治家、科学家，还是教授和学生，他们身上的创业精神和协作精神都已经觉醒，这样的精神将对组织机构、社会、经济等各方面的运作方式产生深远的影响。地方政治领导人将获得影响力，树立起威信，政府如果不想碍事则会逐步转变为辅助角色。我们甚至相信，我们从业多年来的头号假设——我们愿意也好，不愿意也罢，全球化的进程都在加速——即将受到质疑。有了自动化，廉价劳动力将变得无足轻重。随着新材料代替长期使用的大宗商品（如碳材料代替飞机中的铝材，生物材料代替塑料），我们将不再那么需要满世界地运送产品零部件、半成品、成品。食品、服装、鞋帽将再度回归就近生产。本地生产将会增长，全球贸易将会放缓。换言之，全球化不会一直加速，它会达到一个峰值，然后稳定下来，甚至有所下降。在全球范围内，智力共享和协作将日益多样、逐步深化，在新旧经济体之间缔结更坚实的纽带，推动传统工作场所向创新区转变，将锈带改造为智带。

然而有个前提，我们必须成功解决一些关键性的实际问题，包括教育和培训、政策、资金、文化等，这些是扶持、推广智力共享的基础。

THE
SMARTEST
PLACES
ON
EARTH

第六章

唤醒睡美人

你所在的地区能成为世界上最智能的地方吗?

我们已经迈入了新的时代。在这个新时代里，各种影响因素都在发挥作用：智力共享，智能制造，思考与生产联动，智带的崛起，廉价劳动力优势的式微。然而，这个新时代仍只是在各地零星出现，在旧时代的大背景下努力出头，它面对的是旧时代遗留下来的体系、惯例、组织机构、技术和态度。和此前的转型时刻一样，新时代的到来，既没有规划过宏伟的蓝图，也未曾经过全球统一的行动。那么，它又是如何出现的？新趋势先是逐步发展演变，随后突然出现，继而在推动之下向前发展。

不过，智带之旅中真正给我们留下深刻印象的是，即便美国联邦一级的计划或整个欧洲（或欧洲多国）范围内的行动有时会陷入困顿，在地方和区域层面，要行动起来的想法和意愿却从未间断过。人们最终找到了方法，足以打破僵局、摆脱锈带盛行的消极思想。有远见、有担当的联络者将机构、政府、企业聚拢到了一起，共襄大事。

为现实所迫是智带现象兴起的主要原因。人们想要工作，想要收入，想要权能，然而技术太复杂，资源又不足，他们迫于无奈，只能抛开分歧，越过组织壁垒，接触不熟悉的同事，为的是能合作开展研究，共享知识，携手创造产品，推进各项创新事业。这种为求创新而开展的智力共享贯穿整个生态系统，涉及各个参与者，而借由智力共享取得的创新又不同于近来热议的那种创新，即苹果、谷歌、亚马逊等标志性科技巨头的创新方式。这些公司已经握有人才和资源，足以构建企业内部的创新原动力。它们既不必因经济停滞而忧心忡忡，也不必受制于眼前荒废的生产设备、薄弱的基础设施。它们缺的东西自己都能得到，无须敞开门户，共享知识，吐露秘密，做出让步，达成双赢。事实上，它们仍继续着“寂寞英雄”式的运营模式。它们既有实力，又有影响力。这些公司可能会形成合伙人关系，忠于彼此，但它们仍以自己为中心，凡事自己说了算。

虽然我们有崇拜寂寞英雄的倾向，但这种模式有其局限和弊端。寂寞英雄式的机构敛尽权势，打压造成威胁的外部创新，限制合作伙伴的活动范围，日益骄傲自满，以至店大欺客。智带可能不像寂寞英雄一样，有井井有条的流程、光鲜的形象，但它们有一样大（甚至更大）的潜力，它们也可以取得突破，创造颠覆性的技术和产品，与任何一位寂寞英雄相比都毫不逊色。

然而，要想充分发挥智带的潜力，唤醒诸位酣睡中的美人，拓展、利用各创新中心已率先采用的智力共享模式，我们就要先考虑解决众多旧时遗留下来的体系和惯例，或改之，或除之，抑或完善之。**我们首先要做的就是承认当今的创新是自下而上的，而非自上而下的。**现在的创新几乎都是在地方层面上取得的，在那些不断扩张的智带里，学术界和企业界正在共享智力资源，努力工作，以创造、设计出有助于解决 21 世纪挑战的智能产品。但是，利用基础研究经费、挑战基金资助持续性创新的国家级（就欧洲而言应为欧盟级）智带计划仍然大有裨益，这些计划强调的是交叉领域的科技、团队和合作、实体基础设施和数字基础设施的现代化。无论是美国国防部高级研究计划局和欧盟发起的各个项目，还是中国和韩国提出的各项创新政策，所有这些自上而下的创新扶持计划都取得了显著的成果。国家政府的创新扶持不应再陷入意识形态之争。再者，还需要重新考虑教育和培训项目的目标。应该有更多的资金流入有望成为智带的地区。组织设计、领导力、文化心态、文化设定也需要与时俱进。此外，还有一点尤为重要，我们必须找到更好的方法来衡量、评价合作活动的表现，例如智力共享活动（即使还处于早期阶段）。以下是我们关于这些问题的一点想法，包括现在的情况如何以及怎样去改变。

创新政策和指导方针

每个国家都应该有一个共同框架和诸多政策来激励、扶持智带的创新，这个想法实在算不得激进。相反，几乎世界上每一个国家都有一套创新的目标和指导方针，但有一个不容忽视的例外：美国。为什么会这样？为什么世界上最大的经济体美国的政治家和商界领袖似乎很排斥国家创新政策这一概念？或许是因为，在硅谷这样的地方，没有国家政策，事情似乎也都进展得相当不错。在这些地方，有些项目，没有政府的资助根本开展不起来，但这些项目取得成果时，那里的企业家和研究员会毫不迟疑地将成果归到自己身上。又或许是因为，这样的政策有时会和产业政策混淆。产业政策关注的是特定的行业或经济部门，往往被视为政府对私营企业的一种干预形式。但创新政策的目标既不是监管，也不是干预，而是鼓励创新、促进创新、扶持创新。

批评者喜欢历数政府之失，譬如扶持太阳能电池制造商索林佐（Solyndra），但政府资助创新的成功案例要比失败案例多得多。不过，即便没有十分明确的国家政策，美国政府这些年来还是实施了多项举措，以期推动各个领域的发展和创新。其涉及的领域多种多样、举足轻重，包括晶体管、激光、互联网和搜索引擎、喷气推进、太空探索、无人机、石油和天然气水平井钻井、新材料、机器人、无人驾驶汽车等。

过去的10年（左右）里，美国联邦政府的创新关注点越来越集中。早在2006年，美国国家科学基金会就开始发出警告，可能要削减基础研发经费。2012先进制造业总统特别工作小组强调，有必要建造制造业研究所（奥巴马政府最终将其付诸实施，2012年在俄亥俄州扬斯敦建起了第一所研究所，专攻3D打印技术；之后又于2014年在芝加哥建起了第二所研究所，专攻数字制造和数字设计）。然而，当国会还在就政策问题犹疑不决、争论不休的时候，各位州长、市长已经找到了方法，自己动手，扶持本州、本市的创新计划，开展跨政党合作。毕竟智力共享是一项兼容并包的超党派活动。

不过，总统特别委员会和联邦政府及各国家机关（欧盟委员会）的智库已经提出了各种各样的建议，我们认为，沿着建议中的路线采取一系列措施将进一步支持、促进创新活动。我们尤其建议：

- 制定指导方针，明确最佳实践，为想要给智力共享生态系统营造有利环境的地区和区域助一臂之力。阿克伦、埃因霍温、波特兰、德累斯顿等地的实践均为有益的借鉴。

• 提供激励政策和奖励措施，鼓励那些采用跨学科合作方式创造科技产品和技术服务的团队。瑞士苏黎世的生命科学产业就很有说服力。一个办法是鼓励从智力共享机构购买某些产品和服务。

• 鼓励、推动以德国弗劳恩霍夫协会为典范的公私合作关系。

• 资助开放式创新平台。美国空军研究实验室的开放式创新馆和埃因霍温的霍尔斯特研究所都是很好的例子。

• 通过修改税法和制定新指导方针，使教育机构成为（规避）反垄断调查的保护伞。这种做法与纽约州立大学理工学院的纳米技术中心或阿克伦模式颇为相似。

• 为改造锈带地区及其生产设施、基础设施提供资金支持、专业知识和激励政策，将其转变为 21 世纪创新区。北卡罗来纳州在振兴旧香烟厂、兴建三角研究园的过程中正是采取了这些办法。

• 移除法规障碍。有些法规会妨碍无人驾驶汽车等创新技术的测试和应用。美国的加利福尼亚、内华达、佛罗里达，欧洲的瑞士和德国等国家和地区堪为表率。

• 通过法律法规和激励政策，鼓励使用新技术和新产品。例如，政府交易中接受智能手机支付方式，建立电动汽车充电站奖励机制。

- 以奖励和表彰的方式认可智带、智力共享和智能制造。例如，创业训练营（Startbootcamp）在五座欧洲城市和以色列发起了一项针对年轻创业者的项目。

衡量效率、生产率和创造力的新标准

我们坚信，科技将进一步渗透到每一个角落，但过去的十多年里，生产率统计数据一直十分惨淡。我还没听说过科技的普及和生产率相关数据这两方面有一致的时候，但我们必须想办法做到。

——2015 年 2 月，劳伦斯 · 萨默斯（Lawrence Summers）在汉密尔顿项目（Hamilton Project）“工作的未来”主题会议上的发言

美国前财长、哈佛大学经济学家劳伦斯 · 萨默斯发现，决策者赖以评估经济状况和经济效益的统计数据存在一个巨大的漏洞。他并不是唯一一个意识到这点的人。在我们问及此事时，布鲁金斯学会学者、经济顾问委员会前主席马丁 · 贝利（Martin Bailey）和委员会现主席贾森 · 弗曼（Jason Furman）也表达了相似的忧虑。同样有此担忧的还有美国联邦储备委员会委员莱尔 · 布雷纳德（Lael Brainard）。他们一致认为，我们

目前尚没有工具来有效地衡量我们在效率和生产率方面表现如何，遑论了解创新、创造力及经济活动其他重要方面的工作情况。欧洲的研究人员长期以来一直在抱怨，各机构（如荷兰中央规划局）所用的模型遗漏了一些重要内容，但得到的回答基本都是“不要多管闲事”。欧盟委员会已经在这个问题上迈出了第一步，它聘用了一批顶尖的经济学家来审查当前的评价方法，请他们提出改良建议。这项工作需要展开大型研究，可能需要两年甚至更长时间才能完成。[1]

没有人愿意承认自己是仅凭着一点指标瞎干一气，甚至是连正确指标都没有就蛮干一气。然而，很难理解为什么这么多人承认确实存在问题，但大家还是毫无解决这个问题的紧迫感。麻省理工学院教授、诺贝尔奖得主罗伯特·索洛曾有一番著名的戏谑之词：“计算机时代的踪影处处可见，唯独生产率统计数据中看不见。”[2]那时是1987年，智能手机和应用程序还远未出现。如今，智能手机连同谷歌搜索、维基百科、谷歌地图等应用程序为人们节省了大量时间，大大提高了生产率。我们拥有能在任何地方联系到任何人（连接到任何东西）的设备；我们可以远程访问巨大的知识库，实现访问几乎只需一瞬间；从一点到另一点，我们可以用导航指路，完全不会迷路，也不用浪费时间反复看地图。在美国国立卫生研究院和大型制药企业，机器人不分昼夜地工作，只用几天时间就可以完成新复方药物复杂的测试工作，而人类实验室技术员完成这些测试要花 10 年甚至更长时间。用机器人不仅节省了时间和金钱，还可以发掘各种潜在价值。正如美国国立卫生研究院院长弗朗西斯·柯林斯（Francis Collins）对我们说的："一次试验一种潜在的药物，那可真是千头万绪。"[3]

关于所有这些技术和工具是否帮助我们革命性地提高了生产率的说法可谓众说纷纭，没有定论。然而，索洛的同事、麻省理工学院的埃里克·布林约尔松（Erik Brynjolfsson）等人很疑惑为什么生产率统计数据不支持这一说法。或许从引入技术到提高生产率之间有时间延迟？有没有可能是计算机和信息技术造成的麻烦太大，结果损益相抵？会不会是成功者和失败者数量相当，所以没有净收益？又或者说，实际上是有收益的，只是我们目前的测量方法不到位、太落后甚至彻底无用？哪种解释最糟糕？假如我们的指标没把发达经济体中最有活力、最具竞争力的部分考虑进去，会有怎样的结果？

我们认为，我们有必要也有能力开发出一套新的指标，并且此事已是迫在眉睫。有了更强大的计算能力和新的数据分析方法，我们应该能直接捕捉到创新和智能产品对生产率的决定性影响，而不是用现在的方法，像计算盈余一样测量它们的影响。

计算机能力的大幅增长和边际生产率的提高并不成正比，因此，生产率悖论（productivity paradox）通常被定义为"在国家层面，信息技术投入和产出的测量数据之间的差异"。我们要更进一步，将其称为“甜甜圈上缺失的洞”。就像变魔术一样，创新活动的生产率或效率越高，它在GDP和居民消费价格指数（CPI）这样的统计数据中体现的就越小，而这两个指数恰恰是决策者和企业高管每天要用的重要数据。事实上，在传统的宏观经济统计中，效率低下的得褒奖，效率高、有创造力的倒要受惩罚。为什么会这样？医疗保健、教育等产业的价格上涨过度，以至于在总体中占有较大的比重。创新经济则恰恰相反，无论信息技术还是智能制造，这些产业的价格都在持续下降。

这个谜题要留待以后的某位诺贝尔经济学奖得主去解决。但我们衡量创新的生产率的方式确实有些奇怪：售价奇高的新药能在GDP或通胀统计数据中凸显出来，而谷歌搜索、谷歌地图这种每天都要用到的免费服务却仅仅因为不用花一分钱，就不算在消费支出之内。

让我们更深入地探讨下这个问题。如果消费者买了一把椅子、一杯咖啡、一瓶阿司匹林或者一张戏票，那么这笔交易是要计入GDP的，因为每样东西都是明码标价的。但当他们在互联网上用谷歌搜索时情况又如何呢？谷歌搜索是免费的，因此不算数。但是你写报告、找餐馆、查菜谱时能不用搜索引擎吗？对大多数人来说，搜索引擎难道不比一本书、一份报纸、一张戏票甚至一张新沙发更有价值吗？

我们提到“残”值（“residual” value）时，听起来很像一种附缀（就像啤酒或卡布奇诺的泡沫）。这种成分很难测量，但它却包罗万象，涵盖劳动力资源和机械设备的品质提升、新发明、更好的材料、减少浪费、抢先维修以及各种类型的新发现。创新实际上是增长的主要驱动力量，通常比（新投资带来的）资本和增加劳动力资源更为重要。因此，是否有创新，有多少创新，我们怎样驱动创新，这些问题事关重大。

通货膨胀又是怎么回事？拉里·萨默斯（Larry Summers，即劳伦斯·萨默斯）举过一个极好的例子。他以1983年为基准，将基准值设为100。现在医疗保健和高等教育的成本已经涨到了600，而电视和电脑的成本却跌到了6——相对价格降低了100倍。这两组新价格能反映两类“商品”对我们的价值吗？萨默斯担心，那些生产率最高的产业已经取得了成功，但正是它们的成功让它们在整体经济的统计数据中如此渺小，显得它们真的已经不再那么重要了，将来甚至还会更不重要。美国（国家）首席技术官阿尼什·乔普拉（Aneesh Chopra）认为这是一个巨大的机遇。正如他所说：“截止目前，医疗保健、能源、教育等产业都还没有充分利用互联网，但我们现在看到，医疗领域出现了创新大爆炸。”[4]

这并不是第一次有新指标摆到决策者和企业高管们的案头。美国国家公共广播电台《金钱星球》（*Planet Money*）节目曾报道过消费者信心指数发展的始末。由密歇根大学研究人员开发的消费者信心指数早在1952年便已发布，但耗费了数十年时间才成为“主流”经济指标。这仅仅是因为它衡量的是情绪（人们的感觉如何），而许多经济学家认为，人的情感衡量不了任何东西。[5]现在消费者信心指数已经是企业、市场和决策者的必备工具。

宏观经济生产率太过重要，不应是残值。不仅如此，智力共享以及在各个领域（从农业到制造业和服务业）中融入新生产技术、新材料、新数据分析方法、新发现也在振兴整个城市和地区的过程中发挥着愈发显著的作用，同样不应是残值。正如数据分析方法和无线数据收集技术可以用于更精准地测量生产率，同侪分析也能够提出有益的见解，为成熟智带和新兴智带助力。

智带生态系统的相关成就可以用定性的方式通过一组问题进行评估，这些问题涵盖下列议题：

- 关注点/专门化
- 各层面的协作
- 本地大学吸引研究经费的能力
- 研究活动取得的企业资助
- 高校的专利授权活动
- 孵化器的成功记录
- 创业公司和衍生公司的数量，以及这些公司三年后、五年后的存活率

- 从风投公司、天使投资人及其他资本来源吸引私人资助用于投资新发明的能力
- 整合本地供应链/价值链
- 教学医院在激励创新中的作用
- 在职培训项目的规模、类型和效果
- 本地社区大学及其他高等教育培训项目在安置本地区及其他地区工人方面取得的成效
- 将国外、州外知识工作者吸引进本地人才库的能力

按照此表所列，在欧洲，埃因霍温和德累斯顿得分很高；在美国，阿克伦的表现要优于其他地区。然而，在我们为参观、研究过的智带评分时，尽管大多数基本要素都已经列在表中了，但每个智带又都有各自的长处和短处。例如，政府资助、授权收入和本地供应链发展等方面的差异尤其能说明问题。很显然，在剑桥、波特兰、明尼阿波利斯、奥卢这些主攻生命科学的地方，医院有着无与伦比的重要性。北欧智带在半工半读项目上得分很高，美国的同类项目往往也是以欧洲为模板的。

经济生产率再也不能简单地归结为一张数据表，衡量着如何最有效地利用劳动力和资本。在未来的数十年里，以最有效的方式对人才、知识、想法、新技术进行创造性利用将同样重要。从现在起，我们比较的不再是谁更便宜，而是谁更智能。

智带的基础设施和环境

正如创新需要一套新的衡量指标，创新中心也需要实体基础设施。创新中心的基础设施不同于传统工业中心的工作场所和生态系统，甚至不同于20世纪模式的创新园区。如今，众多有创造性思维的人喜欢市区胜过郊区，喜欢多姿多彩的城市远胜无聊乏味的企业园区。他们青睐公共交通，偏爱骑行条件便利的城市，也乐于拼车。他们既希望能随时随地连上高速无线网，又追求价格合理的住房，还想轻松出入休闲娱乐场所，参与户外活动。相比于超市，他们更愿意在农贸市场购物；同样，相比于超大型全国连锁商场，他们更喜欢价格合理的当地精品专卖店。

这正是为什么像阿克伦、隆德、马尔默、波特兰、苏黎世这样的锈带城市能变为智带。这样的例子不胜枚举。毫无疑问，我们还可以把下列地方周边的地区算进去：匹兹堡的卡内基–梅隆大学、圣路易斯的华盛顿大学、费城的德雷塞尔大学、英国的剑桥大学等。其他的典型创新热点地区还有韩国的首尔、以色列的特拉维夫、德国的柏林、瑞典的斯德哥尔摩等。这些地方恰好提供了人们需要的东西，有廉价的设施、便利的城市区位，以及废弃的仓库和工厂区，可以改建为灵活、宽敞的工作和生活空间，人们可以在此相互接触，开展各类活动。换言之，智力共享和智能制造在很大程度上是关于联系的，既包括数字联系，也包括实体联系。

在我们探访过的智带，我们看到了各州政府、各地方政府、各企业乃至个人如何为营造有助于智力共享的环境添砖加瓦。例如，在北卡罗来纳州，州政府为旧香烟厂、旧仓库和旧纺织厂的改造工程提供了超过10亿美元的补贴。在荷兰，跨国纺织企业麦克斯公司（Mexx）创始人拉坦·查达（Rattan Chadha）建造了一批名为"空间"（Spaces）的灵活办公设施。查达有一个愿景，那就是年轻人能把他们的笔记本电脑看成是自己的办公地点。在"空间"里，你可以按需要租一块实体环境，这样的实体环境或许只有一张桌子和一把椅子，也有可能是整个一层楼。租金既可以按天付，也可以按月付。你还可以充分利用这里共享的行政服务，接受指导，或在酒吧和其他人碰面。美国热门的共享型工作空间包括纽约的"纽约城"（New York City）、波士顿的"工作吧"（Work Bar）、费城的"独立者大厅"（Independents Hall）、西雅图的"流浪者办公室"（Office Nomads）、圣迭戈的"赫拉中心"（Hera Hub）。[6]

正如我们所见，大公司几乎一直是智带环境的重要参与者。我们看到，有越来越多的大公司挨着大学把设施建在市中心地区（如匹兹堡），一改数十年来选择市郊和企业园区的倾向。当地政府正在鼓励、欢迎人才流入，为此，它们修建了轻轨、自行车专用道等基础设施，以满足员工及家属的需求。

数字环境是借由云技术实现的，它对所有人开放，可以为小企业提供此前只有大企业才能承担得起的服务和功能。亚马逊牵头聚集了一大批跨国电信公司和地方电信公司，共同提供存储、分享、下载、备份服务。北卡罗来纳州达勒姆的阿森纳数字解决方案公司（Arsenal Digital Solutions）就是提供即用即付服务的典型代表。无力投巨资购置软硬件的创业公司和小商户现在也用上了和跨国公司一模一样的数字管理工具。

以下方法可以进一步鼓励各方建设环境和基础设施，促进智力共享：

- 扶持智能制造设施建设项目。现在仍有一种先入为主的观念——工厂从定义来看，就必然是大体量、高污染的，是一位惹人厌的城市居民。然而，情况已经今非昔比。现在的工厂可以很小，很干净。对有创造性思维的人来说，工厂是适合工作的好地方；对整洁的城市环境来说，它是名副其实的贡献者。希望通过高等教育培养技能的人还可以在此接受在职培训。纽约州政府和纽约州立大学纳米技术研究中心合作提出的“布法罗十亿计划”（Buffalo Billion）就不失为一个好例子，不过该计划支持的最大项目——埃隆·马斯克（Elon Musk）的太阳城公司（SolarCity）受到了其他城市的质疑和嫉妒。

- 更新、调整各州、各地方分区规划规章制度，在此指导下开展工作区、居住区、休闲区的划分工作。对如今的创新人才来说，理想的工作地点要有专业实验设施、便利店、公共空间、绿化带，以及多种住房选择，这些设施要相距不远，这样才能创造出充满活力、欣欣向荣、多姿多彩的环境，激励创新活动。在波特兰和苏黎世，人们已经以不同的方式创造出了活力四射的新城区。

• 关注智力共享的发展。市领导在致力于开发废弃、破败的市区时，重点不该是一栋接一栋地盖楼，而应该是鼓励创新，创造多样的生态系统。此举事关重大，关系到如何配置、联结城市的经济资产（包括大学、医院、研究型支柱企业、创业公司）。以德累斯顿和波特兰为例，当地政府都非常注意保持各项生命科学活动靠近彼此。

• 构建创新区，迎合创新人才、创新实体的喜好。创新区应该在空间上设计紧凑，乘坐公共交通或拼车即可到达。区域内应有住房、工作场所、零售商店交错分布，还应有自行车道、公共空间、步行街、绿化带点缀其间。[7]这样的创新区正在各地开花，包括费城、波士顿、达勒姆、纽约的罗斯福岛、圣路易斯的科塔克斯（Cortex）科技区等。

教育和培训

“到2020年，美国将缺少500万具备必要技术技能、能满足用人单位要求的工人。”乔治敦大学教育与劳动力中心主任安东尼·卡内瓦莱（Anthony Carnevale）在就此问题开展广泛研究后如是说。到2020年，美国所有就业岗位中，将有65%需要接受过高等教育的人才。[8]根据德勤咨询公司（Deloitte）提供的数据，[9]2011年美国制造业有60万个职位空缺，到2025年，这一数字预计将达到200万。因此，我们要做的不是继续抱怨美国的失业问题，而是应该关注日益显现的技术缺口和STEM（科学、技术、工程、数学）领域对技术工人日益增长的需求。

简单来说，美国存在技术缺口的一大原因在于大学。由于人们过分地强调上传统四年制大学的必要性，有太多的年轻人浪费了自己的才华，没有充分发挥自己赚钱的潜力。有一个问题是，只有54%的大学生能在六年内拿到学位，因此，年轻人浪费了时间，这些时间本可以更好地拿来工作或获取实用技能。无论是大学在设计课程的时候，还是学生在选择大学、选修课程的时候，都没有注意应让学生的能力和学业与今后就业市场需求的技术对接。更糟糕的是，学生常常要举债支付学费，致使美国大学学费债务总额已达1.2万亿美元。

关于大学教育价值的传统观念需要接受质疑。接受四年制大学教育已经成为社会地位、知识水平的象征，与此同时，在工厂里度过职业生涯——曾长期被视为稳定、充实的工作——则让人蒙羞。但是，正如哈佛大学的罗伯特·施瓦茨所说，“四年的高等教育曾是在劳动力市场取得成功的敲门砖，过去大多数美国中产阶级都会买这笔账，但现在这个说法再也站不住脚了。”[10]不仅如此，陶氏化学人力资源总监莉萨·斯卡格斯（Lisa Skaggs）这样对我们说：“年轻人完全不了解制造业有多少有趣的工作。”[11]因此，家长和学生非常重视非制造业职业和四年制大学专业，尤其是那些鼓吹“知识经济”的专业，他们认为进了这样的专业就能保证他们在这些行业的职业生涯。他们不知道、不了解，或者不重视其他形式的教育和培训。对许多年轻人来说，这些教育和培训可能要有用得多，尤其是两年制社区大学提供的课程。

社区大学

为了转变学生和家长的看法，许多社区大学都在设计课程，力图让学生有更多、更好的教育选择。旅途中，我们看到在许多智带，社区大学都是智力共享生态系统重要的参与者。以哈得孙科技谷为例，新型智能制造活动的爆发创造了新的教育需求，也推动了教育的发展。

例如，我们探访了TEC- SMART培训项目中心（全称为“半导体制造业和替代技术及可再生技术教育培训中心”），地点就在格罗方德工厂大门外，属于哈得孙河谷社区大学的一部分。[12]TEC-SMART中心副主任彭妮·希尔（Penny Hill）带我们参观了这里的设施。设施位于一栋LEED（环境与能源设计先锋）白金级绿色建筑内，能源供给有很大一部分来自建筑外的太阳能电池板和风力涡轮机，建筑还利用了被动式太阳能设计。我们看到了一个班级的12名学生，都是格罗方德的新员工，他们参加的是为期一周的半工半读课程，内容是公司的生产工艺。一位热心的讲师给我们讲了这门课程的由来：一位工厂技术员在检查空气循环系统仪表时，看到压力已经下降到了零。出于担心，他更换了所有的仪表，然而这也无济于事。后来有人意识到，之前压力之所以停在零，是因为当时空气循环系统被无意间关闭了。时间和金钱都浪费掉了。

格罗方德发现，许多新员工不具备在如此先进的工厂中工作所需的技术，也没接受过相应培训。许多人甚至缺乏基本的技能，譬如使用扳手等简单的工具。然而，许多新雇员都有硕士文凭，其他人也都完成了正规的高中教育。现在，所有格罗方德的新员工，无论他们的教育程度如何，都要接受7周的培训，其中包括两周的制造课程。

除了为期两周的格罗方德定向培训项目，TEC-SMART还提供一系列的课程和项目。它为处于职业生涯中期的学生开设了为期两年的半导体制造课程，为他们在格罗方德以及通用电气、应用材料等其他企业工作做准备。哈得孙河谷社区大学与这些公司保持着合作，以确定它们的员工需要什么样的知识和技能，因此这里的课程在不断进行微调。该校还为附近鲍尔斯顿斯帕高中高二、高三的学生开设了一门课程。每周有五天，140位年轻人一早就跳上公交车前往TEC-SMART，在那里，他们要学习自动化制造的基础知识。这个项目以IBM在纽约布鲁克林区设立的项目为蓝本，将STEM学科的课堂知识与培养批判性思维和动手能力的暑期实习融为一体。

哈得孙河谷社区大学的主校区位于伦斯勒附近的特洛伊（Troy）。校内有一座最先进的科学中心，耗资3500万美元。学校共有650名教职工和超过13 000名学生，其中半数学生在半工半读。该校提供了70种不同的两年制副学士学位课程和职业课程，以及各种工人再培训项目，同时还为全职工作人员开设了远程学习项目。许多企业会为员工接受教育支付学费。

戴维·拉金（David Larkin）是哈得孙河谷社区大学的一位讲师，他在这里教授先进制造课程已有20余年。拉金拥有机械工程高级学位，在改行教书之前，他在制造业有过一段成功的职业生涯。他告诉我们，在很多年里，学生对学习工具制造技术和机械技术提不起一点兴趣，因为他们知道，做这种工作的工人都在下岗，也看不到未来。在哈得孙科技谷和其他智带，这种情况已经发生了变化，以致拉金的课程现在非常受欢迎。他表示，像他这样的课程，美国现在大概有100个。他告诉我们:“这还远远不够，现今企业最大的问题就是找不到能操作机器的人。能干三样活儿已经不够用了，现在你得能干三百样活儿，还要样样精通。”[13]

拉金的课程很严格。一门实验室课程通常每周要有12小时的课，与此相比，其他学科的课程只要3小时。学生要学习STEM专业的理论和冶金知识，还要掌握实际操作技能，例如如何塑造零件、安装夹具、检查和测试设备。这需要经常接触价值上百万美元的机器设备和工具，包括CAD/CAM（计算机辅助设计/计算机辅助制造）设备。

哈得孙河谷这样的社区大学面临的问题是，如何取得资金来装备它们的实验室和车间，因为政府的资助并非时时都有。“我们需要一种新方法。”拉金说。解决之道就是智力共享。该校与一些企业形成了伙伴关系，这些企业为学校捐赠设备并负责对设备进行升级，还为本公司参加课程的工人和新员工支付学费。哈斯自动化公司（Haas Automation）是该校最大的捐助者之一，公司总部位于加利福尼亚，是世界上最先进、自动化程度最高的机床生产商。哈斯自动化公司为该校提供了急需的机器设备，作为回报，学校按照公司的需求为其量身设计课程。我们访问的那一年，参加拉金课程的33位学生全部在毕业前找到了工作，时薪18~25美元。此前的毕业生工作五年后的平均收入已超10万美元。

格罗方德还在和其他几所社区大学合作，包括斯克内克塔迪社区大学、富尔顿·蒙哥马利社区大学、美国纽约州立大学的阿迪朗达克社区大学。格罗方德与社区大学的合作已逐渐成为美国最大的专业培训项目之一。格罗方德政府关系总监迈克·鲁索（Mike Russo）表示，这是一种可以在全国范围内推广的模式，可以让人们更好地了解未来工作将如何演变。

半工半读模式

我们还需要更多在哈得孙河谷见到的这种在职教育，在这方面，欧洲有很多东西值得美国借鉴。美国西门子人才引进高级总监迈克尔·布朗（Michael Brown）认为，美国的技术缺口可以更准确地描述为培训缺口。德国西门子公司是世界级制造商，业务遍及美国，有上百个生产基地。西门子公司在这些地方生产着复杂的高品质产品，包括电子医疗设备和最先进的机车。布朗告诉我们："在美国的所见让我们很惊讶。"美国很少有半工半读项目，仅有的培训项目还面临着削减经费。他说："高校不来找我们，这让我很震惊。"[14]

相比之下，西门子在德国有一个稳定的学徒项目，参与者达 10 000 人。为了为美国的工厂培训更多的工人，西门子正着眼于半工半读项目。西门子希望将北卡罗来纳州夏洛特的工厂产能翻番，此时，公司选择了与当地社区大学紧密合作，共同设计课程。现在，25 名学徒正与 1000 名工厂正式员工一道工作。布朗表示："我们才刚刚开始，但现在已经有了翻天覆地的变化。"

西门子的老家德国有世界上最发达的职业培训模式。据茨维克勒尔公司（Zwick Roell）首席执行官扬·斯特凡·勒尔（Jan Stefan Roell）介绍，德国的双轨制半工半读教育系统称为“双元制培训”（duale Ausbildung），该系统被视为“德国制造业成功的秘诀”之一。[15] 茨维克勒尔公司总部位于德国南部，是一家中等规模的家族企业，也是世界领先的精密测试设备制造商之一。勒尔告诉我们，他们为期三年的半工半读学徒计划已经梦想成真。茨维克勒尔公司与当地技校合作，联合招生。2013 年，有 585 人申请 20 个空缺职位，因此，公司有非常大的选择空间。虽然学徒的薪水比标准工资少，但在三年学徒期间，茨维克勒尔要为培训每位学徒投入 5 万欧元，在此期间，学徒有 30% 的时间会用来上课，剩下的才是工作。

勒尔是公司一位创始人的孙子。他表示，必须要在更大的背景下考虑半工半读项目，要从整个雇主与雇员关系的角度去看问题。要在工作环境中营造一种“家庭感”，确保工人愿意留在公司，把生产率看得和长寿一样重要，这一点非常重要。这种家庭氛围有一个重要元素，那就是工人、工会、管理层互相尊重。我们在乌尔姆镇（斯图加特附近）参观茨维克勒尔的工厂时，到处流露出这种互信和家庭感——干净整洁、井井有条的厂房，让人垂涎欲滴的午餐，以及勒尔做事的方式。在餐厅排队取餐时，他会认真地听取工人们提出的问题，与他们聊天。

原弗劳恩霍夫制造技术和自动化研究所（斯图加特）主任、斯图加特大学教授恩格尔贝特·韦斯特坎博尔（Engelbert Westkämper）强调，在与企业密切合作、共同发展、扶持学徒项目方面，技校（仅在斯图加特地区就有12所技校）扮演着重要角色。制造业在2008年的危机中遭受重创时，企业之所以能存活下来，是因为它们的决策是与工会共同做出的，工会觉得结果与自身息息相关。韦斯特坎博尔认识到，公司董事会与工会的关系在德美两国间有很大差别。他认为，多年来，双方合作“已建立了有效的信任”。[16]还有一个事例也可以证明半工半读项目的成功，那就是年轻人喜欢接受制造技术培训，因为制造技术受到高度重视。德国可能因此面临技能过剩，这种情况未来几年还会加剧。在以斯图加特为首府的巴登–符腾堡州，现在约有22.5万名三年工读制学徒，其中有5~6万人是制造业学徒，辍学率仅为10%，不能顺利完成学业的约为5%，这意味着，整个系统正在产出大量合格的制造业技术工人。

全德国有160万人注册半工半读项目（占适龄人群60%），上大学的人占35%。而在美国，16~24岁的人群中，上大学的人占40%，其中，四年制大学占60%，两年制社区大学占40%。最后一组人群中，只有41%的人有钱接受全日制教育。这与德国形成鲜明对比，在德国，只有50万人（不足2%）能接受高等非学历职业培训。[17]此外，与美国学生不同，德国学生和他们的家庭不必举债支付双轨制教育的学费。半工半读项目年均费用为每人 2.7 万欧元，其中 90% 由国家支付，剩下的 10% 由州政府承担。企业每年要为每名学员投入 2 万欧元，还会额外加上一些车间里的开销。培训对学生来说是完全免费的。他们最初的薪水为每月 800~1000 欧元，随后月薪可提升至高达 3000 欧元。

德国的工读制对中型企业来说是一大福音，中型企业招录的学徒也最多，因为它们发现，培训可以让学员为未来的工作做好准备，正式工作后，他们可以更快地上手。培训还可以减少人们对工作的失望，在员工与企业之间缔结起纽带。

在其他欧洲北部国家，多年来，许多企业因为招生不足和削减成本，停掉了企业内部的培训项目。但在过去的 10 年里，许多国家级的项目纷纷启动，招生情况也正在好转。与此同时，自己没有培训项目的企业也开始与所在地区的技校合作，共同提供新型的职业培训。它们希望以德国为模板，但随后发现，德国的体系植根于自身独特的传统，不易复制。斯图加特商会会长马丁 · 弗拉德里希（Martin Frädrich）对此深表认同："当我们要解释这套体系时，会发现这太复杂了，很多人好奇，它怎么会运作得这么好，甚至我们自己都会这么想。"要想让此类项目成功，你需要一种真正的公私合作伙伴，一个像商会这样的机构，它靠近商界，但又不属于政府的一部分。此外，你还需要和工会紧密合作。还有非常重要的一点，这种项目不该有强制性——否则，依弗拉德里希的观点，"热情会消失殆尽”。[18]

埃因霍温的智港工业正在发展的正是此类项目。公司高度重视培训中层管理人员的技术技能，采用的项目与我们在哈得孙科技谷的TEC-SMART看到的极为类似，例如实习和半工半读课程。由于缺少实习项目，埃因霍温地区的30家公司正致力于建立一所智港工业学院。学院的创建者（包括达夫、飞利浦以及它们的供应商）希望源源不断地培训出熟练的焊接工人、金工工人、机器制造工人。我们已经看到，若想智力共享活动看得见、摸得着，实体设施必不可少。为此，智港工业计划在埃因霍温市专门预留的一块土地上兴建智港工业园区。智港工业希望借助这样的园区，营造出有利的环境，让来自各家公司的员工在此毫无间隙地合作，利用共有的高科技设施。

他们的热情没有消失殆尽，反而在不断高涨。

资金

创新往往与那些规模小、活力足的创业公司有关，它们有乐观的风险投资家提供资金，有科技创业者负责管理，但这仅仅是冰山一角。创业不是百米冲刺，而是马拉松。开发一项振奋人心的创新产品的过程，往往以政府的拨款为起点，此后要经过数年（乃至数十年）的时间，创业公司才能将基础研究阶段取得的知识或技术商业化，过了创业阶段，产品开发还有很长一段路要走。

因此，只有当一系列资助者沿着产品理念开发之路全程顺利“传棒”后，智力共享才会起作用。再好的想法，没有一路下来动辄数目惊人的投资，也无法最终踏进市场的大门。任何阶段资金链断裂都会导致创新活动以失败告终。因此，研究人员必须有各种各样的筹资渠道（渠道因手头的任务而异）来配备所需设备，才能创造出足以改变世界的产品。目前，前沿基础研究的大部分经费是由各国政府提供的，私企则是应用研究的主要资助者。小公司通常要依赖人脉（天使投资人、亲戚朋友）来取得小额资助，直到它们提出的想法足以吸引较大的基金和投资者投资。

虽然现在有很多资金来源，也有大量资金可用于投资，但目前的流程并不完善，还有待改进。研究动辄就浪费掉数百万美元的资金，原因无非资助者或投资者忽略了有价值的项目，为无价值的项目投了太多钱，对所资助的项目失去了兴趣，（通过高层糟糕的战略决策或用人决策）将项目引向了错误的方向，或在产品或技术尚未完全开发好的时候就决定止损。

从我们的角度来看，最重要的是资助者和投资者需要更深入地了解智力共享的重要性。尤其是在美国，投资者过于迷恋寂寞英雄模式——天才创业者配上独立自主的公司，栖居在标志性的创新热点地区——以至于他们很容易忽视某些有前景的项目，这些项目往往需要复杂的跨学科合作，又身处偏远之地，例如我们途中走访的那些智带。

基础研究和应用研究

1994 年，美国国家科学基金会通过“数字图书馆计划”为斯坦福大学提供了 450 万美元的资助，该计划旨在开发能在新兴的万维网上查找、整理信息的工具。这笔资助让两位年轻的研究生谢尔盖·布林（Sergey Brin）和拉里·佩奇（Larry Page）开发出了一款搜索引擎。最终，两人联合创立了谷歌公司，这款搜索引擎也成为这家科技巨头取得巨大成功的基石。[19] 早期的政府资助还带来了许多其他的突破，包括互联网、喷气发动机、核电、半导体和GPS。[20] 这些实例说明，对于基础研究的资助具有巨大的潜力，基础研究是研发的第一步，也是一个最核心的部分（尽管很少有人谈到）。

据美国国家科学基金会称:“基础研究可以促进技术创新，对增进美国科技企业的活力、增加高技能就业岗位至关重要。”[21] 基础研究是要探究、解答一般性的科学问题，而不是要产出具体的成果，比如一种新药或新材料。然而，由于回报不会立即显现，也不能直接计算出来，基础研究在私营部门的投资者那里往往遇冷。因此，对基础研究的资助大部分来自政府，大学和研究机构是主要的受益人。这也解释了为什么我们非常有必要开发出新的评价指标来评价创新绩效，这其中也包括用于衡量研究早期阶段工作价值的评估指标。

在美国，提供基础研究经费的不仅仅是国家科学基金会和国立卫生研究院，还有国防部（提供的基础研究经费占总额一半以上）、国家航空航天局和能源部。美国用在基础研究上的研发预算超过任何一个国家（高达750亿美元），几乎可以抵上世界其他国家的总和（900亿美元），远超欧盟（400亿美元）和日本（180亿美元）。有趣的是，韩国花在基础研究上的钱（110亿美元）比中国（100亿美元）还要多。[22]

欧洲没有一家可以媲美美国的军工综合企业，欧盟也没有形成一个整体，创新政策是在国家层面上推行的。但欧盟委员会正在努力弥合各国间的缝隙。欧盟“展望2020”计划（Horizon 2020）始于2013年，旨在通过创新来刺激经济增长和就业。这是欧盟第一次根据科研资质来选择受资助的项目，而不是像以往一样，在各欧盟成员国之间平均分配研究经费。

虽然欧洲的创新活动分散于各地，不成系统，但它有一些强大的优势连美国也难以望其项背。其中最重要的是，欧洲在19世纪末20世纪初建立起了巨大的公私实体网络，包括德国弗劳恩霍夫协会、荷兰应用科学研究组织（TNO）、瑞士联邦材料科学和技术研究所（EMPA）等等。这些公私实体是构建智能制造世界的关键基石，因为在智能制造世界中，智力共享是重中之重。

我们在欧洲还看到了另一个喜人的趋势，越来越多的国家拨款和国家补贴要求项目必须是跨学科的。例如，瑞士提出了旨在扶持系统生物学研究的“SystemsX.ch”计划。[23] 要进行这项研究，必须有各个学科的研究人员共同参与，例如生物学、物理学、化学、工程学、数学、计算机科学和医学等。这是一个非同寻常的科研网络，在联邦政府的组织下，它让千余名科学家得以高效地开展跨学科合作，科学家们形成了近 400 个研究小组，进行着约 200 个项目。

与基础研究不同，应用研究——研发的第二阶段，关注的是具体的产品、材料或药物——获得的资金大部分来自企业，特别是那些处于科研密集型行业的企业，如化工、制造和航空航天。2011 年，美国在应用研究上的支出为 820 亿美元，其中一半以上来自企业。[24] 应用研究大多是由大学、医院、企业研究实验室和创业公司开展的，它们依赖私营部门的投资，因此企业资助和风险投资成为这一研发阶段的关键，即便如此，政府仍然承担着 1/3 以上的资金。

美国研发总支出中，约有 20% 用于基础研究，20% 用于应用研究，60% 用于开发。研发费用的全球竞争日趋激烈，形势令人极度担忧，但“旧经济体”仍然表现突出，[25] 2014 年研发费用占全球 60%——其中，美国占 31%（美国经济总量占全球 16%，研发投入占比是经济总量占比的近两倍），欧盟占 19%，日本占 10%，中国占 18%。[26] 这种研究上的领先优势促进了欧美两地锈带的再次崛起，但很显然，两地筹措资金的途径截然不同。美国筹措研究经费的最大特点是创业、军方和政府机构的有力支持、硅谷随心所欲的方式、高校捐赠基金的投资、慈善捐赠、充裕的风险投资。美国的创业公司接受了全世界 2/3 以上的风险投资，而欧洲只占 14%。这使得美国与世界其他地方相比，占有明显优势。[27]

对比之下，欧洲的优势在于弗劳恩霍夫协会这样的机构、欧盟对“未来工厂”（Factory of the Future）和“欧洲散裂中子源”（European Spallation Source）等长期项目的慷慨资助、科技园孵化器提供的一臂之力、对清洁能源项目的补贴等等。

两地对创业公司的态度也存在差异，这点尤为引人注意。在美国，创业不仅让民众为之神往，更是创新的主要驱动力。在欧洲，人们仍然鄙视创业失败者（不过情况正在逐渐改变），而美国的风险投资家却将创业失败的记录看作荣誉勋章，是先前经验的证明，在投资前，他们想要看到这样的东西。在欧洲，中型企业颇受推崇，甚至是备受宠爱。

我们在斯图加特见到了 Grazia Equity 公司（一家总部位于斯图加特的风投公司）创始人亚历克·劳申布施（Alec Rauschenbusch），他的办公室装修现代，可以俯瞰整个城市。在那里，他对我们说：“德国缺少的是创业文化。我们有非常丰富的汽车产业专业知识，特斯拉公司本可以在这儿创业的，但我们实在没有合适的生态环境，让那些年轻创业者在制造业一展拳脚。银行不放贷，这儿没有信用评级体系，也没有足够的风险投资资金。”[28]结果，年轻的工程师没有去自主创业，而是去了那些为他们敞开大门的企业，其中不仅有中型企业，还有博世、戴姆勒、保时捷这样的世界巨头，或者IBM、惠普这种在欧洲的美国顶尖企业。对这些企业来说，企业内部的研发仍然是一种重要模式，年轻的工程师仍然向往在这种庞大而稳定的组织中工作。

风险投资

风险投资（VC）是投资于早期公司的金融资本，这些公司通常拥有尖端技术或前沿商业模式（因此风险投资高度集中于生命科学、信息技术等高科技产业），[29]作为交换，投资者可以获取公司的股权。风投公司投资的企业创造了美国20%的营业收入。[30]没有这些投资，许多知名企业根本无从谈起，这些公司加起来，雇用了美国1/8以上的员工。无论是微软、苹果、亚马逊、谷歌、脸谱、推特等标志性的科技企业，还是波士顿科学、直视外科（Intuitive Surgical）、安进、基因泰克、健赞（Gemzyne）等生命科学产业的先驱，它们取得的巨大成功都要完全（至少部分）归功于风险投资。

所有风险投资都有一个相同的目标——入股一家拥有颠覆

性技术、高利润空间、成熟管理团队的年轻公司。风险投资有公私两方面的资金来源。风险投资的私人资金来源有两种，第一种是专门的风险投资公司，这些公司唯一的关注点就是将出资人的资源或公司管理的基金资源聚集起来，用于投资。风险投资公司进行的投资平均每笔约为400万美元，[31] 许多公司专注于特定的行业。美国约有1000家风险投资公司，大部分聚集在硅谷、波士顿–剑桥地区和纽约。[32] 第二种私人资金来源是企业的风险投资部门，有风投部门的企业包括谷歌、英特尔、思科、微软、高通等大型科技企业以及强生、美敦力、百健艾迪、葛兰素史克（GSK）、罗氏等生命科学企业。过去的20年间，这些企业总计投资达610亿美元，占风险投资资金总量的10%。[33]

风险投资的另一个来源是公共部门，尤其值得注意的是一种鲜为人知的类型——由政府支持的资助机构，这些机构如今在美国极为重要。其中最为大胆、最具创新性、最重要的就是手握30亿美元风投资金的美国国防部高级研究计划局，这是美国国防部为应对“斯普特尼克”（Sputnik，苏联人造卫星）于1958年创建的部门。自成立起，国防部高级研究计划局提供的资助、发起的竞赛已在诸多关键技术的发展过程中发挥了巨大作用，这些技术包括互联网、无人驾驶汽车、新一代机器人、各种新材料等等。美国能源部运作的能源高级研究计划局（ARPA-E）更注重早期研究，而不是风险投资。

甚至连美国中央情报局（CIA）也凭借In-Q-Tel公司涉足了风险投资领域。In-Q-Tel公司由中央情报局成立于1999年，是一家非营利性风险投资公司，多年来已投资了200家创业公司（每年投资6000万美元），现在仍在投资约100家公司，公司总资产约2.19亿美元。[34] 虽然In-Q-Tel[35] 侧重于数据分析和网络安全，但它在其他领域同样有所建树，其中最著名的是锁眼公司（Keyhole）。锁眼公司是一家创业公司，专门开发卫星地图软件，这款软件即为现在的谷歌地球（谷歌公司于2004年收购了锁眼公司）。甲骨文、IBM、洛克希德（Lockheed）等企业都收购过早期由In-Q-Tel资助的公司。美国国家航空航天局（NASA）也不甘人后，于2006年出资7500万美元合伙成立了红色星球资本（Red Planet Capital）。这是一家风投公司，总部位于加利福尼亚。国家航空航天局希望以此“吸引私营部门里尚未与该机构有过业务往来的创新人才和投资者”。[36]

展望未来，所有此类机构都不得不适应风险投资模式，而这种模式近年来也经历了根本性的转变。如今，借助孵化空间共享设备和服务在创业公司间得到了广泛推广，再加上利用3D打印机可以轻松实现快速低成本的原型制作，在这两大因素共同作用下，最新一代“制造商”对资本的要求已经显著降低。访问北卡罗来纳州三角研究园期间，曾多次创业的Intersouth Partners公司合伙人基普·弗雷（Kip Frey）为我们说明了现在的情况，他说道："现在要试验一个想法，不用500万美元，只要5万美元就够。作为年轻的创业者，既然你不需要那么多钱，身边又有一大批志同道合的天使投资人，那么你为什么要把自己公司的大部分所有权让给风投公司呢？"[37]

以收购促研究

虽然研究和开发关系密切（正因如此，人们通常将两者并称为"研发"），但成功的研究活动和成功的开发活动其实分别需要不同的资源和途径。强生、美敦力及其他诸多生命科学企业已经认识到，开展创新性研究需要有奇思异想，愿意承担风险，就这点而言，毫无官僚主义的小型创业公司比等级森严的大企业更适合创新性研究。与此同时，开发重视的是流程，需要的是稳定的结构，长期、大量的资金支持，以及市场势力，在这方面，大企业占有极大优势。因此，收购已经成为大企业的惯用手法，它们希望借此保持创新能力，我们探访明尼阿波利斯时，已经了解过这样的情况。

作为明尼阿波利斯医疗设备智带的主力，美敦力公司极好地诠释了研究如何从幽闭的企业孤岛转移至活力十足、锐意创新的创业公司。美敦力公司是医疗设备研究领域无可争议的领导者，公司每年用在研发上的费用达16亿美元，占收入的9%，比例是一般美国公司的三倍还要多。美敦力公司收入的

40%源自近三年内推出的新产品，对于这样一家企业，创新是生死攸关的大事，公司内部的研发项目聘请了12 000名工程师、科学家和技术人员，占公司员工总数的1/4。[38]

然而，为了解决公司内部研发产出低的问题，美敦力首席执行官奥马尔·伊什拉克（Omar Ishrak）决定将研发工作的重点转移到收购上，在此过程中，他辞退了上千名内部研究人员。一些批评者感叹企业内部的研究活动正逐渐消失，另一些人则认为，众多生命科学企业进行的大宗收购案中，有些主要是出于税务原因，但大部分人都承认，收购很有必要。明尼阿波利斯的风险投资家诺曼·丹恩对我们直言道："大型企业往往动作缓慢，等级森严。研究人员不会因为错失良机受罚，倒是会因为犯错受罚。它们的研发机构已经成了做不了决策的孤岛。"据丹恩所说，最优秀的研发工作"都是由一小群不受等级制度约束的研究人员完成的。他们可以迅速纠正错误，他们所处的文化环境也理解，研究中出错是在所难免的"。[39]因此，虽然美敦力这样的大公司组织大规模临床试验、构建支持系统等活动在产品开发任务中仍至关重要，但体制灵活、勇于创新的创业公司已经接过了下一代研究的火炬。

私人资金

创业者的首轮融资（5万~25万美元）通常来自亲戚朋

友、高校或早期创业者成立的种子基金、[40]"小企业创新研究计划"（SBIR）这样的政府资助项目。一旦初期投资耗尽（可能很快就会发生），创业者就必须再去吸引外部投资者，投资者看中的创业公司通常要拥有独一无二的产品、激动人心的成长故事、精明能干的管理团队。[41]风险投资公司也会坚持明确的退出策略，即要求公司在7年内结束对创业公司的参与。风投公司也需要对自己的投资人负责，这意味着，它们往往会远离那些它们认为风险太大、收益太小、耗时太久的早期投资。

身为一名创业者，基普·弗雷认为，作为创业初期的资本来源，风险投资已经不太重要了，因为这种旧融资模式本身已经过时，不再适合智力共享和智能制造的世界。弗雷解释道："很少（风投公司）能在一个'一将功成万骨枯'的产业里真正取得成功，就像唱片业和电影业一样。"他观察到，当80%的盈利来自大约5家公司时，大多数风险投资家很难打动自己有限的合伙人（捐赠基金和养老基金）。此外，地方企业家现在更加看重拥有国际人才网的国内企业，企盼着它们扩张业务的那一天。

创业公司的融资过程正在发生变化，三股力量正在加紧填补这一资金缺口：天使投资人、企业孵化器、众筹。天使投资人是富有的个人，他们往往自己就是创业者。为其他人投资是为了一解心头创业之痒。受天使投资人吸引的创业者越来越多，因为与风投公司提供的典型协议相比，天使投资人给他们的协议要灵活得多。2012 年，美国天使投资总计 230 亿美元，[42] 欧洲为 55 亿欧元。目前，美国有超过 25 万名天使投资人，是欧洲的近 10 倍。[43]

孵化器为准备采取下一步行动的早期创业公司提供了实验室和办公地点，为它们营造了一座安全的避风港。这些筹备工作通常由各种地方或国家级项目负责，目的是要吸引年轻创业者。美国现有 1400 家企业孵化器，欧洲有 1000 家（其中半数位于德国），这些孵化器每年扶持约 3 万家新公司。这两种日益壮大的资金来源（天使投资人和孵化器）已经成为欧美两地不可或缺的融资方式，占早期投资的 1/4，[44] 在后续几轮投资中往往也占有一席之地。

Kickstarter、Fundable、Indiegogo 等众筹网站是早期资本的最新来源，为人们提供了前所未有的机会，让普罗大众也都能资助研发。有些人有有趣或奇特的想法，但缺少商业意识，没有长期的发展策略，因而绝对无法获得传统的风险投资。众筹可以让这些人实现自己的梦想。例如，Form1 靠着 2000 名支持者，为麻省理工学院媒体实验室的研究人员筹集到了 300 万美元，用来开发价格合理的家用 3D 服装打印机。[45] 总而言之，天使投资人、企业孵化器、众筹在过去 10 年间迅速发展，大受欢迎，强化了民间资本在研发链中的关键作用。

推动创新的三点建议

因此，基于我们对世界各地智带得失的研究和分析，针对如何营造适宜智力共享的金融环境，促进产品创新，我们提出如下建议：

- 即便预算紧张，政策制定者也应就基础研究达成政治共识。不资助基础研究属于“捡了芝麻丢了西瓜”，因为基础研究可以大幅度地促进创新、推动经济增长、提高生活水平。例如，美国国家航空航天局每投入 1 美元，就可以在经济活动中得到 9 美元的回报，[46] 同时，国家航空航天局的技术创新为每家衍生企业带来了约 100 万美元的收入。[47] 金融危机爆发后，人们普遍担心基础研究开支会被削减，所幸，这种情况基本没有出现，但威胁依然存在。人们迫不及待地想要得到切实的成果，即能获利的商业应用，如此急功近利，俨然还处于贝尔实验室的时代。即便学校的课程已无间隙，无法发挥学习创新的作用，政治领导人、教育者和娱乐产业也应该共同努力，确保从高中开始就让学生了解到，如果没有基于基础研究的创新，他们的日常生活将大为不同。
- 政府资助的项目应该从后续的盈利中获益。政府在金融危机中挽救一家公司或为大学生提供贷款时，会提出很高的利率。既然如此，政府也应该从自己扶持的应用研究中取得经济收益。政府为一些企业和创业公司拨了款，正是这笔资金将企业引向了成功，也正是这笔投资取得的利润资助了未来的项目，但根据一些法律条文，政府只能在这些企业中做一个收益平平的合伙人。大型研究型大学的技术转让和技术授权项目已经从中汲取了教训，政府也应如此。这些利润可以留出来一部分，用于资助半工半读的职业培训项目。

• 风险投资家应该教会他们的投资者，要将眼光放长远，从早期入手。目前，绝大部分风险资本投在了软件、社交媒体和生命科学上，但需要创新的远不止这些。这一行有一条真理，只有1/5的投资能取得良好的收益，但投资组合免于畸重畸轻可以让大赢家少一些，让更多表现还不错的投资者涌现出来。身为一名投资经理，安东尼亲睹了对新兴市场进行广泛、多样的投资如何减缓了风险投资固有的不稳定性。风险投资家也应当明白这一点，进而让自己的投资领域更加多样。

匹配智力共享的组织和文化

我们重点研究的智带都着重致力于解决当今复杂的技术挑战。但这往往需要制定新的工作安排，来促成、落实智力共享活动必不可少的跨学科合作关系。此类工作安排可能会随着项目进入不同阶段逐步演变，并且同一个活动的参与各方往往有截然不同的组织结构，因此，灵活性是制定新工作安排的关键。

灵活固然必要，但对跨国企业来说，要做到这点并非易事，因为它们存在森严的等级制度和长期形成的工作关系。例如，通用公司首席执行官杰夫·伊梅尔特希望他的公司能以多功能团队的形式开展工作，并与教育机构成为合作伙伴。但他的员工有很多是工会成员，伊梅尔特的行动可能会与工会的规章制度相龃龉。伊梅尔特无意与工会领导层争斗，而是试图说服他们，让他们相信，他的目标一直以来都是创造新的就业岗位，而不是把旧的消灭掉。开设新工厂或缔结伙伴关系创造了新的机会，于是，伊梅尔特趁此时机，希望在该降低工资标准的地方降低标准，在能放宽工作制度的时候放宽制度。通过运用常识、建立信任，伊梅尔特已经在美国策划成了多笔交易，不仅创造了就业机会，还改变了人们对就业的看法。2014 年，通用电气试图收购法国阿尔斯通公司（Alstom）的大部分资产，这是一笔备受争议又充满政治顾虑的交易，但他的方法在法国同样取得了成功。

伊梅尔特意识到，创新不仅仅涉及工艺流程问题，社会和文化方面同样重要。伊梅尔特现在成了领路人，还有其他首席执行官追随着他的脚步，也在试图创造新的组织结构，一种足以适应智力共享并能与工会达成妥协的组织结构。这一点在原锈带地区尤为重要，因为在那里，工会在大规模制造活动（如炼钢和汽车制造）中扮演着重要角色，但面对高科技行业时，工会就没那么游刃有余了。

欧洲的情况比较复杂，因为在过去的半个世纪里，民主政府建立起了福利国家系统，而雇主和工会都是这个系统的一部分。福利国家系统的承诺是，保证人们都会有一份稳定的工作，然而对灵活性的需求让这项承诺更加难以维系。政策制定者面临的一大问题是，如何在与工人保持团结的同时，为企业和每一个员工提供更多的行动自由。数十年来，欧洲一直忙于思想意识上的讨论，谈论的是在最高层面应该如何组织社会，但现在，谈话的内容更加务实，更偏重探讨地方层面的问题。

在这方面，欧洲已经有了进展。金融危机过后，德国、荷兰的关键成员（包括工会、雇主、政府）已经有意愿并且有能力制定更灵活的工作安排，虽说有些情况下只是临时性的。然而，欧洲的政策制定者们仍心存忧虑，他们担心，对福利国家系统的任何改动都会让欧洲接触上“美国病”，这种病的症状是巨大的收入差距和日益增长的贫困人口。但欧洲不会选择什么都不做。欧洲当局现在面临的考验是，一边要构想出新形态的社会团结，一边要以富有建设性的方式提高灵活性。

欧洲也好，美国也罢，它们都没有选择的余地，只能摒弃传统形式的制造业，向智能制造业迈进。正如我们在第一章探讨过的，这两种制造方式看上去截然不同。

这些特征远远超出了工艺流程和组织结构的问题：它们会影响文化规范和社会规范。对团队合作、创造力、信息共享和跨学科关系——均由集中的市场焦点驱动——的重视将打乱传统的等级制度和组织文化。但这些转变可以顺利进行，并且大学和医院正处于这种转变的最前沿。

正如我们讨论过的，新型智力共享模式之所以不可避免地出现，至少在一定程度上源于一些重要因素，尤其是现实的紧迫感。领导者亦是其中必不可少的因素，他们加速了这一进程，并使其更高效地发展。企业员工中专业人才的比例将前所未有地提高，领导者必须学会管理这样的企业。这些专业人才极有主见，并且坚守自己的行事准则。他们更喜欢鼓舞人心的愿景，而不是领导正式下达的命令。领导者必须认识到，创新和协作不能单靠财务目标来激励或评估，还必须确定要征服的新市场和要创造的新产品，以此设立更远大的目标。效率永远是必要指标，但效果才是最需关注的。

领导者在好的时候——经济强劲，产业不断扩张，企业收益良好——比较容易尝试不同的组织形式、接受新的思维方式。然而，一旦压力增加，领导者往往会重新陷入旧习，维护自己的权力，挑拨其他人以确保自己的地位。身处艰难时期，领导者面临的挑战是如何集结各种各样能探索奇特想法、提出另类方法的个人和团体，集合他们的想法，利用智力共享，探索新的前进道路。如果领导者在艰难时期拒绝创造力和多学科合作，其结果可能是毁灭性的。但那些能通过智力共享成功应对困境（甚至生死攸关）的领导者将会进一步强化组织，让组织可以更有力地面对下一次挑战。

结语

THE SMARTEST PLACES ON EARTH

智能制造的崛起

我们的旅程已经到达终点。一路走来，我们在欧美两地到访过许多冷门的地方，这些地方如今已由锈带转变为智带。最初，这种现象让我们感到惊讶，因为智带的勃勃生机尚未显现在统计数据中。正如我们在最后一章讨论过的，这反映出我们的指标存在缺陷，必须予以纠正，好让政策制定者有做出明智决策所需的工具。

旅程伊始，对于智带问题，我们两位作者各持己见。弗雷德看重的是借由密集的智力共享实现的新型创新过程，安东尼感兴趣的则是如何利用新技术、怎样创造智能新产品。最终，我们的看法汇成了一个共同观点：智带现象一方面将人们在新的过程（智力共享）中联系在一起，另一方面将由信息技术、数据分析、无线通信构成的数字世界与旧的“造物”方式联系起来，创造出新技术和新产品（智能生产）。我们与数以百计的人进行了面对面的交流，是他们启迪了我们的思维，促使我们形成了自己的想法。在他们的帮助下，我们得出了自己的结论，那些不久前因落伍而见弃的经济体事实上正在进入剧烈变革的新阶段，全球竞争优势正由廉价优势转变为智能优势。

对于美国和欧洲来说，这意味着，许多曾经外包出去的活动将回归本土。这是一个好消息。在廉价劳动力占尽优势数十年后，新的竞争优势将基于截然不同的经济和工业王牌。对各类智能产品日益增长的需求将要求在开发过程中进行智力共享，在生产过程中采用智能制造。制造业与其说是“回归”，不如说是回炉再造。新的制造业将高度自动化，产品将按照定制规格进行小批量生产，生产地点会尽可能靠近客户。随着对智能产品需求的不断增长，以及新工作方式和生产方式逐渐被采纳，会有越来越多的智带地区涌现出来。正如我们在引言中提到的，除了书中讨论过的智带，我们还看到了其他许多正在兴起的智带。

智带的崛起和自动化的普及无疑会对当前的低成本制造业地区造成破坏性影响，尤其是中国。欧美两地同样会受到影响，有些人将因此获得千载难逢的就业良机。这也把我们引向了一个热门话题，在写作本书的过程中，人们一遍又一遍地问我们：就业会有什么变化？

这个问题由来已久。早从工业革命开始，恐惧——有时近乎恐慌——就让人们为就业前景担忧。在过去的几十年里，我们目睹了数百万制造业工作岗位消失，我们得知中国变成了世界制造业中心。随后，2008 年严重的经济危机和机器人又为这场本已激烈的争论添了一把火。人们要如何谋生？未来会有什么样的就业岗位？现在我们可能要问，智力共享和智能新经济的影响能否超出 1%的顶层人士，惠及中产阶层；我们可能还要问，收入和财富的不平等问题是否会进一步加剧？

中产阶层正被进一步掏空，虽然其他地方也存在这个问题，但在美国尤为严重。这不仅会加剧现有的社会紧张形势，还会减缓消费需求的增长，破坏所有人为提高生活水平而付出的努力。对中产阶层福祉的威胁部分源于 2008 年的经济危机，部分源于此前工会力量的衰弱。尽管如此，还有一个问题在于我们能否快速振兴锈带，振兴足够多的地区，以扭转颓势。经济衰退已经借着教育因素和区位因素，将赢家和输家割裂开来。

我们认为，中产阶层和整个社会对失业的担忧主要源于认识不足并且方向有误。前者是因为我们更擅长计算丢掉了多少工作，而不是计算新创造了多少。后者则是因为没有找到问题的症结所在，真正应该担忧的不是没有工作岗位，而是缺乏训练有素的工人，无人去填补这些岗位。这属于无谓的担忧，因为这些“丢掉”的工作有许多都是过时的岗位，即便没有外流到中国，这些工作岗位也不会延续下去。真正应该关心的问题是工资增长缓慢和收入不平等，从长远来看，还应该关注职业培训和教育的不平等。

不仅就业问题不是新问题，我们当前面临的工作深层次变革也不是新问题——这个问题太常见了，我们可以称其为“旧常态”。几个世纪以来，创新的浪潮一波接着一波（从蒸汽机到互联网），固然每一波都会提高人们的生活水平，但每一波也都会带来失业，淘汰某些技能。约瑟夫·熊彼特（Joseph Schumpeter）将其称为“创造性破坏”（creative destruction）。我们曾一次又一次看到这种情况。美国独立战争时期，农民占劳动力的 90%，时至 1900 年，这一数字已经缩减到 38%，而到了 2000 年，这一数字更是降到了 2%。[1] 虽然农民少了，但美国现在的食品产量要远胜以往。自动电梯的出现，仅在曼哈顿一地就造成了超过 20 万电梯操作员失业。打字员、电报员、电话接线员、送奶工、银行柜员——经济活动中被取代或吸收的工作岗位不胜枚举。工厂倒闭、经济危机、生产外包引起的集中失业让人苦不堪言，自然会成为新闻的焦点，然而创造出的新工作岗位影响范围更广，却往往无人关注。经济史中，人们低估调节作用和适应能力的例子俯拾即是，这两大特点如今再次显现：它们是让锈带恢复过来并转变为智带的催化剂。

将失业归咎于中国，操作起来更容易，政治上也更有利。

相比之下，人们不愿意承认工厂（正如此前的农场一样）的效率已经大幅提升，因而以前的工作岗位现在已经不再需要或不再适合。例如，2012 年，钢铁行业内 9.4 万名工人生产的钢铁比 1980 年 40 万名工人生产的还要多 14%。[2] 再如，通用汽车公司一名普通员工现在每年可以生产 28 辆汽车，是底特律 20 世纪 50 年代巅峰时期的 4 倍（7 辆）。适应过程很痛苦，没错。汽车和钢铁行业已行将就木，错。此外，繁荣正是不断提高生产率的直接结果。

埃里克·布林约尔松（Erik Brynjolfsson）和安德鲁·麦卡菲（Andrew McAfee）在《与机器赛跑》（*Race Against the Machine*）一书中提出了"劳动力需求的两极分化"，意指对高技能岗位和低技能岗位的需求都在增长，而对两者之间的岗位的需求正在减少。这种两极分化使工资总额数十年来一直保持平稳，但为劳动收入比重施加了下行压力。经过在欧美两地的多番讨论，以及对大量劳动统计数据的研究，我们一致认为："好消息是，这从根本上提高了经济生产力。坏消息是，这并没有自然而然地造福每一个社会成员。"[3]

因此，赢家有很多，但不是每一个人都可归入此列。过去如此，未来亦如此。主要的差异在于教育。例如，拿着高中或更低学历的人（2000 年，美国制造业半数以上的员工处于这种情况）一直是主要受害者。2000—2012 年，拥有社区大学学位、职业学位或研究生学位的人在制造业获得职位的比例更高，这股趋势有望继续甚至加速。[4]

我们认为，预测说制造业还会进一步丢掉数百万个岗位属于过分地夸大，至少从美国和欧洲北部来看，这样预测的人只看到了过去。这种失业情况始现于20世纪80年代，现在已然成了往事。[5]事实上，目前美国只剩74万生产线工人（他们曾经是制造的核心），仅占制造业岗位总数的6%。[6]相反，对旧经济体来说，自动化今后的影响将主要体现在服务型岗位上，[7]而且这些岗位并非都是低技能岗位。数据分析将创造许多新的就业机会，然而，由于需要复杂的模式识别，许多现有的职业将会受到影响，其中包括放射科医生、口笔译工作者、间谍和分析师。

过去的数十年和未来的数十年还有一个很大的不同，那就是人口数据的转变。我们现在对人口数据的了解仍源于战后的婴儿潮，这种程度的了解已经过时。2008年的经济危机导致了美国连续六年的失业率上升，突如其来的失业问题让我们忽视了一个事实，从2011年起，当前的婴儿潮一代——有经验的工人开始陆续退休，2013年的退休人数比2007年多300万。无论经济是好是坏，人口老龄化往往都会进一步拉低所谓的劳动参与率。[8]

现在，让我们来看看故事的另一面：创新活动已经创造了许多新的工作岗位，既有高技能岗位，也有低技能岗位。新的工作岗位在何处？不仅先进制造、互联网、软件、研发、生物科学等产业有新就业岗位（这些产业中的新岗位还在持续增多），这些产业还为与之配套或合作的产业和企业创造了额外的就业岗位。目前，在美国，有超过10%的就业岗位属于“创新部门”，和制造业的岗位一样多。创新部门本身是劳动力密集型产业。不仅如此，加州大学伯克利分校经济学教授恩里克·莫雷迪（Enrico Moretti）在《新就业地理学》（*The New Geography of Jobs*）一书中指出，城市高科技产业每增加一个新就业岗位，高科技部门外就会增加五个额外的就业岗位，其中三个是医生、律师、瑜伽教练等专业性岗位，两个是收入较低的非专业性岗位，如服务员、商店售货员。[9]

在工业和社会经历巨变的时刻，我们无法抗拒历史的潮流。相反，我们应该认识到，是创新让我们有了竞争力。创新是市场经济的重要动力，与贪婪相比，创新的推动力量要更强大、更持久。别忘了，列宁说过，资本家是由对利润的贪婪驱使的，他们会把绳子卖给那些转过身来就拿这根绳子勒死资本家的人。[10]

一旦我们开始认识到创新势在必行，创新的理念也将随之演变。虽然熊彼特谈到了创造性破坏，我们也痴迷于革命性创新、颠覆性创新、非常规创新、突破性创新，但事实是，多数创新是循序渐进的，我们要逐渐将创新视为一个连续而完整的更新换代、产品升级和技术演进的过程——一种给社会、组织机构、地区带来新生与活力的氧气。然而，眼下的创新模式过于强调效果显著、具有颠覆性的创造性破坏行为。与此相比，新的创新过程难以观测，因而对有些人来说，这种创新过程更难应付。解决问题的方法将再一次落到教育和培训上。教育和培训在更加注重创新的同时，应多多关注创新的文化和社会方面。

由于各种组织机构和智能制造业集中于智带和创新中心，个人将需要专注于提升自身的适应能力。要想在新的竞争环境中提升自身价值，人们不得不掌握各种各样的技能，其中不乏社交技能。个人有必要注意不断变化的各种要求，并在自身职责、技能不合时宜前做出相应调整。雇主则有义务帮助员工获取适应新要求所需的技能。如此一来，员工会将工作视为个人终身教育项目，而不仅仅是一份工作而已。

有一点尤为值得注意，对企业，特别是地区性项目来说，联络者的技能将越来越可贵。联络者将负责社会创新，有了社会创新，智力共享方法和智能制造方式才能良好地运作。跨学科工作关系将改写竞争的定义，竞争将是团体间的竞争，而不再只是个人间的竞争。但各团体还必须要向其他团体学习，即便两者处于竞争之中。这就要求有联络者来帮助人们工作，在保证各团体实现自身目标的同时，还要保持开放和宽容的态度。这是一种技能和个人品质的罕见结合，因此，各公司无疑会卷入联络者的争夺战，正如它们此前曾卷入的技术人才之争。

就业市场的风云变幻将对职业培训产生巨大影响，正如我们途中所见，职业培训几乎已经不复存在，尤其是在美国。虽然现在有很多地方性项目和地区性项目都在重建职业培训系统，但要想推动技术教育，让年轻人看到制造业充满乐趣和挑战，就必须采取更大范围的举措。德国提供了值得全世界效仿的最佳模式。德国人长期以来一直被称为机械制造专家，他们因制造可靠的产品而体会到了民族自豪感。职业培训是德国文化的基本组成部分。虽然他们的系统难以复制，但其他国家可以从中学习，使其符合自身的需要。

反过来，欧洲人也可以向美国学习，尤其是学习美国利用金融网络扶持创业公司和衍生公司的方法，学习美国如何利用创业精神。虽然风险投资主要集中在硅谷、波士顿–剑桥和纽约，但美国资本市场是一个整体市场，需要资助的地区可以轻而易举地取得市场中的资源。与美国资本市场相比，欧洲资本市场则要分散得多，这意味着，由于各种资源分配上的限制，资源无法以最优方式匹配到最有需要的地区。

在智带之旅中，各地政治家、企业家、科学家的务实态度、雄心壮志和合作精神给我们留下了深刻印象。合作不是政治或商业口号，而是一项真真切切的活动。正如我们所见，合作的根源是为现实所迫。通过合作，市场力量和地方政治以全新方式结合到了一起。地方政治家变成了推动者和联络者。务实的态度让他们制定出了更好的政策，将眼光放得更长远。

虽然今后面临的许多挑战将由智带承担，但有一些投资和项目必须由大型组织机构负责，并且往往需要在国家层面进行。例如，凡我们所到之处，均有改善基础设施的需求，尤其是全国范围的能源网络和无线宽带网络，前者可以应对日益增长的分布式发电问题，后者可以解决物联网引发的数据爆炸问题。

各国政策制定者还必须推动各类能促进跨学科合作的项目。各地的科研人员都对我们说，想要解决芯片、新材料、生命科学领域最复杂的难题，就必须进行跨学科合作。美国政府已在这个方向上迈出了一小步，投资5000万美元成立了国家增材制造创新研究所（NAMII），将不同企业和高校纳入了联合研究项目。我们不应将小额预算视为一种局限，而应将其视为一种激励手段。欧洲类似的项目都集中在应用研究机构，这些机构可以让校企合作和学科间合作更为顺畅。俄勒冈健康与科学大学的乔·格雷预测，不出十年，“诺贝尔奖将会颁发给整个团队，而不再是个人”。

我们沿途目睹的对跨学科合作和智力共享的热情引起了某些人的疑虑，这些人担心，科学的自由将受到限制，基础研究会受到威胁。我们很认真地考虑了这个问题。基础研究不必立见成效，不会立即带来商业产品，但它永远不乏需求。基础研究仍然是探索、发现新知识的不二法门，新知识的商业潜力虽然无法确定，但它能在其他方面为社会带来巨大的益处。以哈勃望远镜为例，在外太空运行的这些年里，它为我们带来了大量关于宇宙的信息，让我们对宇宙有了更深入的了解，但它并没有直接催生新的产业或创造新的收入来源。

还有些人有更深层次、更根本性的忧虑，主要有关科技、数据分析、物联网对我们社会的影响（即众所周知的隐私和安全问题）。在本书中，我们描述了新技术如何能积极地帮我们解决重大社会难题，也谈到了3D打印和机器人将如何彻底改变生产工艺，以及传感器和芯片将如何借助无线网为我们提供可以连接一切事物的数字基础设施。

然而，从我们听闻的情况来看，人们关心的是，随着科技在我们的生活中扮演起日益重要的角色，我们将会为此付出什么样的代价。当科技夺走了我们的工作，又一步步代替我们做出重要决策的时候，我们会不会沦为科技怪兽的奴仆？毫无疑问，新技术将对我们及我们的生活方式产生重大影响。这将引发伦理问题和隐私问题，在政治家、研究者、企业和非政府组织之间引起激烈的辩论。理想的情况是，通过此番争论，我们将达成新的协议和谅解，免于被恼人又无法控制的科技雪崩埋葬。

这种社会讨论可能需要一段时日才能达成可付诸实施的决策。如有必要，参与讨论的各方应暂停使用新技术和新产品，这不失为明智之举。这方面有一个突出的例子。2015年春，曾有一群生物科学家呼吁禁止使用一种新型基因组编辑技术，因为此项技术可能以可遗传的方式改变人类DNA。[11] 潜在的收益和风险都未明确。

正如电影导演弗里茨·朗（Fritz Lang）[他在电影《大都会》（*Metropolis*）中描绘了2027年前后一个冰冷无情的反面工业乌托邦]所说，科技本身是没有灵魂的。只有人类能将科技引向正轨，造福人类社会，避免在科技的驱使下出现一个分崩离析的世界。

一个解决之道是重新考量过去半个世纪里驱使着我们的组织原则：金钱。在这段时期，赚钱一直是人类活动的主要动力和关键成功指标，尤其是在美国。金钱至上原则下，人们制定并采用了一套只有一小批精英会用到的专业术语和指标，在这些精英中，大多数人都是技术官僚。资金流动决定了社会生活和政治生活。财务增长已成为判断对错的标准，它决定了什么是有价值的，什么是没价值的。2008年的金融危机敲响了一记警钟。突然间，我们不得不扪心自问：这是我们想要的吗？我们想用这种方法来评价自己、激励子女吗？对越来越多的人来说，答案是否定的。

那么，组织原则如果不是金钱，应该是什么？未来的数十年里，两股关键性的力量将在人类与科技的关系中发挥决定性的作用：物联网和对智力共享的需求。这两股力量让人类成为不可或缺的部分，因为我们有知识、有专长、有同理心。我们开展活动的目标应该是怎样最大限度发挥人类和社会的潜力，而不是怎样让自己的口袋更鼓、让名下的资产更多。

但这种对人类和科技该如何共同进步的新认识不会自行产生。只有我们做对了决策，科技才能拥有灵魂。这就是为什么智带地区如此重要。随着我们进一步理解智带正在发生什么事，我们开始看到，智带远非一个地区或一个实体设施集合那么简单，相反，它是一种思维方式和行为方式的隐喻，是对全球竞争新形式的描述，也是一种带来深层社会影响的技术发展。合作团队的智力共享有望抑制过大的收入差距和赢者通吃的心态。因此，虽然我们承认存在隐私、安全乃至道德问题，但我们相信，要解决我们面临的诸多关键性问题，就要不遗余力、一丝不苟地采用跨学科智力共享。

正因如此，我们不说“当心”智带，而是要“欢迎”一个更智能、更高效、更善于合作的世界。

引言

1. Jeffrey R. Immelt, "The CEO of General Electric on Sparking an American Manufacturing Renewal," *Harvard Business Review*（March 2012）.

2. 得克萨斯大学有48 000名在校生，其中工科生8000名。学校拥有强大的计算机科学系，该系得到了盖茨基金会和戴尔基金会的资助。奥斯汀还有3600多家生物技术公司和近1000家私人科研企业，拥有超过两万名员工（www.biospace.com/News/top-12-hot-biopharma-regions-for-growth-and/347389）。得克萨斯州物理学家和生命科学家的数量在全美排名第二。得克萨斯新兴技术基金由得克萨斯州议会创立于 2005 年，旨在支持研发活动和新兴技术，目前已拨款超过 5.25 亿美元，其中一半用于各高校，另一半用于 145 家早期公司（www.ce.org/i3/Move/2015/March-April/Tech-Hub-Austin.aspx）。2014 年，国家科学基金会拨款 375 万美元，指定得克萨斯大学奥斯汀分校、莱斯大学和得克萨斯农工大学为创业创新中心（news.utexas.edu/2014/08/26/nsf-i-corps-node）。奥斯汀拥有一个庞大且不断增长的游戏和互联网产业。

第一章

1. “Intel in Oregon”，参见英特尔公司网站：www.intel.com/content/www/us/en/corporate-responsibility/intel-in-oregon.html。

2. 企业概况参见：www.qiagen.com。

3. 参见 Toolpoint 网站：www.toolpoint.ch。

4. 仅举几个例子，威廉·肖克利（William Shockley）在贝尔实验室研制晶体管的过程中发挥了重要作用，但他离开贝尔实验室前往了加州。此外，肖克利的同事分别创建了仙童半导体公司（在苏联发射人造卫星、肯尼迪总统宣布奔月竞赛后，该公司成为国家航空航天局基金的自然候选人）和后来的英特尔公司；李·德弗雷斯特（Lee de Forest）是真空管领域的先驱；威廉·休利特（William Hewlett）和戴维·帕卡德

（David Packard）毕业于斯坦福大学，他们是第一批由自家车库搬到斯坦福工业园的人。这些人充分利用了当地在电信、短波无线电、甚高频传输以及雷达、航空航天等领域的早期优势（这种优势通常是建立在国防合同的基础之上）。

5. Fred Bakker and Jeroen Molenaar, "Duurzaamheid als drijfveer voor innovatie" (Sustainability as a driver behind innovation), *Het Financieele Dagblad*, May 5, 2012, Amsterdam.

6. 参见poet-dsm.com。

7. 这段话摘自2013年8月24日对伦斯勒理工学院院长雪莉·安·杰克逊（Shirley Ann Jackson）和科研副院长、生物学教授乔纳森·多蒂克（Jonathan Dordick）的采访。

8. 2014年6月12日在苏黎世对莱斯利·施皮格尔（Lesley Spiegel）的采访。

9. 现与Sonoco Alloyd公司结成战略联盟，实耐格产品公司（Sonoco Products Co.）的密封机组将提供全自动定制包装生产线，并配合实耐格的索耶（Sawyer）协作机器人进行机器装卸料和电路板测试（参见Zacks.com，2015年8月12日）。

10. 麻省理工学院媒体实验室使剑桥–波士顿地区成功跻身美国主要机器人研究中心之列，与斯坦福研究所（SRI）、卡内基–梅隆大学、（加州）伯克利、宾夕法尼亚大学并驾齐驱。正如反思机器人公司的技术重点在“上半身”，波士顿动力公司（Boston Dynamic，另一家麻省理工学院的衍生公司，现已被谷歌公司收购）将攻坚重点放在“下半身”的平衡和移动上。在国防高级研究计划局（DARPA）的资助下，公司开发出了一系列能高速移动的创新性四足机器人。公司研制的阿特拉斯机器人（Atlas）可以承载高负荷，还能清除杂物。谷歌（公司明确地将机器人视为未来的工作重点之一）还收购了日本的Schaft公司，后者曾赢得2013年12月的美国国防部高级研究计划局机器人挑战赛。比赛中，16台顶尖类人形机器人同场竞技，角逐200万美元的奖金。同样，在日本，本田的阿西莫机器人（Asimo）看起来像人一样，可以上下楼梯、说话、踢足球、送咖啡。

11. 反思机器人公司在第二代工业机器人领域最有力的竞争对手是丹麦的优傲机器人公司（Universal Robots）。后者每年可以卖出800~1000台售价26 000美元的单臂机器人，客户包括博世、宝马、三星等企业。优傲公司的UR-5和UR-10机器人价格更高，功能也少得多，但它们能承载更高的负荷，移动速度更快（高达每秒一米或一码多一点），动作更精准，并且寿命更长，可使用近20年，因而运营成本更低，每小时只需1美元。数据来源：Casey Nobile, Robotics Business Review, *Perspectives* 2013。

12. 传统机器人制造商或创业公司已经制造出了许多配有传感器、可以移动的研究用机器人，但到目前为止，它们制造的工业机器人少之又少。德国领先的工业机器人制造商库卡公司（Kuka）有一款单臂轻型机器人，可以像托斯机器人公司（Tosy Robotics）开发的TOPIO一样打乒乓球。ABB公司于2011年推出了FRIDA（柔性工业双臂机器人）。莫曼托公司（Motoman，日本安川电机公司的美国子公司）目前已开发出了第四代双臂机器人（SDA系列），有效负载达44磅（约20公斤），可以挑选出不同颜色的积木，组装微型电子元件。意大利理工学院开发的COMAN机器人能够在崎岖的路面上行走并保持平衡。美卡机器人公司（Meka Robotics）的联合创始人阿龙·艾辛格（Aaron Edsinger）曾与罗德尼·布鲁克斯（Rodney Brooks）共事，公司主要为研究实验室制造小型机器人。日本、美国、德国、韩国、土耳其、伊朗和中国的企业正致力于创造更好、更快、更多功能的机器人。资料来源：《Perspectives 2013》和维基百科。

13. 整理自2013年6月3日和2014年5月29日在华盛顿布鲁金斯学会与菲尔·奈特（Phil Knight）的讨论。此外，2014年10月15日在耐克总部对公司首席执行官埃里克·斯普朗克（Eric Sprunk）的采访中也谈到了这一点。

14. National Institute for Standards and Technology, *Robotics Systems for Smart Manufacturing Programs,* March 20, 2014.

15. 3D打印过程从一块被称为基板的金属板开始，物件的第一层将附着在基板上。由于每层厚度仅与头发直径相当，基板必须非常平坦，误差在千分之一英寸以内，以避免翘曲（表面即使稍微倾斜，都会产生不均匀的涂层）。塑料打印机利用喷嘴确定下一层材料应该到达的位置。在金属打印机中，当金属粉末薄层已经均匀地分布在整个基板上，高功率激光器会蚀刻特定区域，以将它们与前一层结合在一起，多余的金属颗粒会被从表面移除（再循环使用），整个过程重复进行。

16. 扬斯敦曾是位于纽约市和芝加哥之间的钢铁重镇和交通枢纽。钢铁产业倒闭后，扬斯敦流失了60%的人口。

17. 由于国会共和党的抵制，加之款项被扣留，应有的资助无法到位，无奈之下，总统从其他联邦机构（包括国防部、美国国家航空航天局和国家科学基金会）的预算中掏了4000万美元，先开建一处设施作为试点项目。联邦政府以非比寻常的速度仅用三周就提出了招标书，给全国高校研究机构和产业界留出了45天的准备时间。最后，俄亥俄州科技带中标，赢得了令人垂涎的合同，并与宾夕法尼亚州州政府一道，在扬斯敦的一个旧仓库里设立了第一个国家增材制造创新研究所。

18. 技术人员为我们展示了三种不同类型的3D打印试验机。第一种（也是最出名的一种）称为熔融沉积造型打印机，这种机型由Stratasys公司于20世纪80年代末率先开发出来，类似于喷墨打印机，用一层层快速干燥材料替代了纸张。目前，消费者用不到500美元就可以购买一部这种机器的简化版本。第二种是（由麻省理工学院发明、Z公司制造的）粉末和黏合剂喷涂打印机，这种打印机不用喷嘴，看起来倒更像是堆沙丘的机器。最后一种是得克萨斯大学奥斯汀分校在美国国防部高级研究计划局资助下开发出来的选择性激光烧结打印机，这种打印机将塑料、金属等各种不同材料融合到一起，涂层极薄，厚度为30~40纳米。来源：2013年6月13日访问国家增材制造创新研究所。

19. 美国3D系统公司联合创始人查尔斯·赫尔（Charles Hull）在1984年创造了第一台3D打印机。虽然3D打印最初主要用于制作原型，但目前世界各地的研究人员正竞相试验这种工艺，希望在保持一定制造速度的同时，能使用各种材料制造出各种形状。

20. Marco Annunziata, "Welcome to the Age of the Industrial Internet," TED Talk, December 17, 2013.

21. Travis Hessman, "The Dawn of the Smart Factory," *Industry Week*, February 14, 2013.

22. 同上。

23. 尽管通用电气的能源存储业务在开展初期被寄予厚望，但公司在技术和需求方面遇到了很多困难，具体请参见第五章。

第二章

1. 2013年8月22日在奥尔巴尼对阿兰·卡洛耶罗斯的采访；本章中所有引述卡洛耶罗斯的内容均源自本次采访。

2. 从2004年项目开始算起。

3. 这是一种利用了EUV（极紫外）波长的光刻方法，但这种方法在制造业中的应用迟迟未能实现，因为研发活动尚未解决如何在不耗费大量电力的情况下使用这种技术。光刻的成本问题似乎已经成为通往下一代半导体的主要障碍。

4. Chelsea Diana, "Angels Open Wallets for SUNY Polytechnic Battery Start-Up," *Albany Business Review*, April 9, 2015.

5. 杰克逊进一步表示："我们可以很自豪地说，我们伦斯勒理工学院喜欢啃硬骨头，我们做的是创新的最早阶段，是基础研究。现在只有高校能做这种工作。正因如此，我们1亿美元的研究项目中，10%的经费来自产业界，10%的经费由纽约州政府提供，而剩下的80%都来自联邦政府。这与你们在纳米技术研究中心看到的正相反。为了建立纳米技术创新计算中心，自2006年以来，伦斯勒理工学院与IBM和纽约州政府建立了自己的合作伙伴关系。我们能做这样的工作，是因为我们有每秒能做千万亿次计算的超级计算机。千万亿次的计算机是世界上最快的超级计算机，可用于气象、融合科学、量子化学等各种领域的高级模拟。实际上，我们很快就会拥有高校中最强大的超级计算机，可以跻身世界三十强。我们也在大数据上下了重注。我这里说的不是如何处理大量的数据，而是利用这些数据进行更深入的基础研究。工科是伦斯勒理工学院的传统优势，因此在大数据方面我们很在行。”来源：2013 年 8 月 12 日的采访。

6. 格罗方德大部分股权由阿布扎比的先进技术投资公司（Advanced Technology Investment）持有。格罗方德成立于 2009 年，由超威半导体拆分出的制造部门组成。随后，格罗方德于 2010 年收购了新加坡特许半导体制造有限公司。目前，格罗方德约为台积电规模的四分之一，后者是世界最大的代工厂。来源：2014 年 8 月 21 日的工厂参观活动和对迈克·鲁索的采访。

7. 能生产厚度在 14 至 20 纳米之间、直径 300 毫米的晶圆。

8. 参见 www.globalfoundries.com。

9. 参见 www.infineon.com。

10. 参见 www.hightech-startbahn.de。

11. 参见 www.mpg.de/en。

12. 参见 www.fraunhofer.de。

13. 参见 www.helmholtz.de/en/home。

14. 参见 www.leibniz-gemeinschaft.de/en/home。

15. 参见 www.amtc-dresden.com/content/index.php?xmlfile=general.xml.

16. 参见 www.siltronic.com/int/en/home/index.jsp。

17. 参见 www.das-deutschland.de。

18. 参见 www.hap.de。

19. 参见 www.ais-automation.com/de/index.php。

20. 参见 www.deru-reinraum.de/home。

21. 2015 年 11 月 13 日在德累斯顿对吉塔·豪波尔德的采访；本章中所有引述豪波尔德的内容均源自本次采访。

22. 参见 www.infineon.com/cms/de/about-infineon/press/press-releases/2014/INFXX201404–033.html。

23. 参见 www.silicon-europe.eu/about/silicon-europe。

24. 参见 tu-dresden.de/forschung/epc/contact/ueber_uns/ueber_uns/document_view?set_language=en。

25. 2014 年 11 月 11 日在德累斯顿对贝蒂娜·福斯贝格的采访；本章中所有引述福斯贝格的内容均源自本次采访。

26. 参见 www.futuresax.de。

27. 参见 www.dresden-exists.de/index.php?id=30&no_cache=1&tx_queoevents_events%5Baction%5D=teaser&tx_queoevents_events%5Bcontroller%5D=Event &cHash=29da65cc4d2938c0c24e5b13279263e9。

28. 参见 sherpa-dresden.de/index.php?site=team。

29. 参见 www.intelligentcommunity.org。

30. 参见 www.hightechcampus.nl。

31. 参见 www.holstcentre.com。

32. 参见 www.imec.be。1982 年，（比利时）弗拉芒大区政府提出了一个微电子计划，旨在加强弗兰德斯地区的微电子产业。该计划包括建立一个微电子高级研究实验室、一座半导体晶圆厂（原阿尔卡特微电子，现为意法半导体和AMI半导体）以及一项超大规模集成电路（VLSI）设计工程师培训计划。后者现已完全纳入微电子高级研究实验室（Imec）的活动之中。Imec成立于1984年，是一个非营利组织，由董事会监督，董事会成员包括来自产业界、弗拉芒大学和弗拉芒大区政府的代表。

33. 杜邦帝人薄膜（Dupont Teijin Films）、索尔维（Solvay，又译为“苏威”）、巴斯夫（BASF）、拜耳（Bayer）、默克（Merck）、爱克发（Agfa）等企业均贡献了自身在基板和材料方面的知识。奥宝科技（Orbotech）、相干（Coherent）、Roth & Rau、ASM、ASML、Singulus Mastering、塑料电子（Plastic Electronic）等设备供应商和有机电子制造商提供了生产工艺和设施设备方面的深刻见解。飞利浦、松下、聚合物视像（Polymer Vision）等集成设备制造商给出了明确的规范，指出了什么样的技术和系统设计是可以立即投入市场的。参见www.holstcentre.com。

34. 参见www.philips.nl。

35. 参见www.asml.com。

36. 2004年4月24日《金融日报》对马丁·范登布林克（Martin van den Brink）的采访。

37. 2014年11月11日在德累斯顿对汉斯·杜伊斯特斯的采访；本章中所有引述杜伊斯特斯的内容均源自本次采访。

38. 参见 www.sioux.eu。

39. 参见 www.phenom-world.com。

40. 参见 www.mutraxc.com。

41. 参见 www.bom.nl。

42. 参见 www.brainportindustries.com。

第三章

1. 本章中所有引述普罗恩扎的内容均基于 2013 年 6 月 12 日、13 日在阿克伦的采访，以及 2014 年 8 月 29 日的后续电话采访。

2. Luis M. Proenza, “The Akron Model: Toward a New Framework for University Entrepreneurship, a Narrative Briefing for the Ewing Marion Kauffman Foundation” July 2011.

3. 阿克伦奥斯汀生物创新研究所网站：www.abiaakron。

4. 关于俄亥俄州就业、俄亥俄州的聚合物和化工产业，请参见：jobsohiowest.com/industries/polymers-chemicals。

5. 俄亥俄州 2014 年研发预算为 9.83 亿美元（2005 年仅为 6.09 亿美元），其中 4.78 亿美元来自联邦政府，1.18 亿美元来自产业界（www.research.osu.edu）。“俄亥俄第三前线计划”是一个 21 亿美元的项目，旨在为俄亥俄技术产业、高校和非营利研究机构提供资金支持（www.development.ohio.gov）。赖特光伏创新中心是校企紧密合作的代表（www.pvic.org，www.

oee.osu.edu)。

6. 参见“第三前线”网站：development.ohio.gov/bs_thirdfrontier/background.htm。

7. 阿克伦聚合物系统公司网站：www.akronpolysys.com。

8. 铁姆肯公司经过拆分，自此专门生产钢铁产品和轴承，如风力涡轮机的巨型轴承。

9. 引自2010年7月1日舒尔曼公司新闻稿“A. Schulman Expands Support for Polymer Research at the University of Akron”。

10. Karl-Heinz Zum Gahr, *Microstructure and Wear of Materials,* Tribology Series, 10 (Elsevier, 1987)。引自维基百科“Tribology”（摩擦学）条目。

11. 2013年6月13日在俄亥俄州扬斯敦对芭芭拉·尤因（Barbara Ewing）的采访。

12. 根据俄亥俄聚合物战略委员会执行董事丹尼斯·巴伯（Dennis Barber）2011年8月的报告《俄亥俄聚合物行业》（the Ohio Polymer Industry）。

13. Albert Link, “A Generosity of Spirit: The Early History of the Research Triangle Park,” published by the Research Triangle Foundation, 1965, p. 10。后文引述威廉·利特尔的内容同样源自此文。

14. 同上。

15. 1966 年 9 月《财富》杂志。

16. 参　见 www.visitnc.com/listing/american-tobacco-historic-district-lucky-strike-cigarette。

17. 2014 年 4 月 23 日在北卡罗来纳州达勒姆晚餐期间的讨论。

18. 2014 年 4 月 25 日在三角研究园边缘的科锐工厂对查克·史沃博达的采访。

19. 前三位是佐治亚理工学院、得克萨斯农工大学和普渡大学。

20. 2014 年 4 月 22 日在罗利北卡罗来纳州立大学对兰迪·伍德森的采访。

21. 为伊士曼化工（Eastman Chemical）制定的合同。

22. 2014 年 4 月 21 日在三角研究园对鲍勃·乔勒斯的采访。

23. Sven Hemlin, Carl Martin Allwood, and Ben R. Martin, eds., *Creative Knowledge Environments: The Influences on Creativity in Research and Innovation*（Northampton, MA: Edward Elgar, 2004）.

24. 2013 年 9 月 3 日在隆德易得用科技园对马茨·林多夫的采访。

25. 2013 年 9 月 4 日在隆德易得用科技园对里卡德·莫塞尔的采访。

26. 2013年9月3日在隆德对卡塔琳娜·诺伦的采访；本章中所有引述诺伦的内容均源自本次采访。

27. 参见www.nlr.nl。

28. 参见www.avantium.com。

29. 参 见static.tue.nl/universiteit/faculteiten/faculteit-biomedische-technol ogie/innoveren-met-biomedische-technologie/spin-offs/qtise。

30. 引自《金融日报》2015年3月9日的采访。另见static.tue.nl/universiteit/faculteiten/faculteit-biomedische-technologie/innoveren-met-biomedische-technologie/spin-offs/qtise。

31. 相 关 报 道 见www.maastrichtuni versity.nl/web/Main1/SiteWide/SiteWide11/EersteUniversiteitshoogleraarBenoemdAanUM1.htm。

32.《金融日报》2014年10月4日。

33. 这一步得到了昙卡董事会的支持。参见Fred Bakker and Tjabel Daling, "Textielfabrikant als Hoogwaardige Nichespeler" (Textile producer that turned into a high-quality niche player), *Het Financieele Dagblad,* November 3, 2012, Amsterdam。2015年7月，荷兰私募股权公司Gilde专门组建了财团，将收购昙卡公司所有的流通股。

34. 英国吉凯恩（GKN）公司于2015年7月收购了福克科技（Fokker Technologies）。

35. 2012 年 7 月在霍夫多普对维姆·帕斯特宁的采访。

第四章

1. 他还培训了克里斯蒂安·巴纳德（Christiaan Barnard）和诺曼·沙姆维（Norman Shumway），二人是首例心脏移植手术的团队成员。详情见G. Wayne Miller, *King of Hearts* (New York: Crown Books, 2010)。

2. 参见en.wikipedia.org/wiki/K%C3%A1roly_Ereky。

3. 参见en.wikipedia.org/wiki/Molecular_biology。

4. 对俄勒冈州波特兰普罗维登斯癌症中心癌症研究负责人、UbiVac公司首席执行官伯纳德·福克斯（Bernard Fox）的采访。

5. World Health Organization, "Preventing Chronic Diseases: A Vital Investment," WHO Global Report, 2005；哈佛大学公共卫生学院世界经济论坛的工作文件《非传染性疾病的全球经济负担》（2011 年 9 月）引用了此文（www.hsph.harvard.edu）；非传染性疾病联盟（NCD Alliance）在《解决全球非传染性疾病预防和控制的不平等问题，建设健康的未来》（2012 年 10 月）中同样引用了此文。

6. 2014 年 11 月 12 日进行了电话采访，随后又于 2015 年 5 月 26 日在华盛顿进行了当面交流。强生公司是世界上最大的医疗设备企业，公司拥有 10 个主要医疗设备平台，均在 10

亿美元以上。2014年强生公司在医疗设备领域的收入为270亿美元（公司总收入730亿美元）。2015年这种情况可能会发生改变，因为美敦力和柯惠医疗（Covidien）将要合并，两家公司2014年的医疗设备收入达到了282亿美元。参见*Fierce Medical Devices*, April 6, 2015。

7. 德国百多力公司成立于1963年，总部设在柏林，是唯一一家仍在生产起搏器的大型欧洲企业。然而，百多力的研究和生产设施均位于俄勒冈州的奥斯威戈湖。此外还有意大利的索林集团（Sorin Group），但规模要小得多。中国只有一家起搏器制造企业，但其产品在复杂程度上不可同日而语。

8. 关于胰岛素泵治疗有效性的临床研究已由理查德·伯根斯特尔（Richard Bergenstal）博士和明尼苏达大学的其他研究人员完成并于2010年7月22日公布。

9. 2013年7月29日在明尼苏达州明尼阿波利斯的美敦力总部对埃莉·皮多的采访。

10. Scott Litman and John Stavig, "Is Minnesota Successful in Entrepreneurship?" *Minneapolis Post,* June 17, 2013。作者列举了一些成功案例，例如，明尼阿波利斯的Code 42是一家为消费者和企业提供在线备份的企业，公司2012年筹集了5250万美元；Enstratius是戴尔公司2013年收购的一家云管理软件供应商；Compellent是一家正在快速成长的高度虚拟化存储解决方案提供商，公司为企业和云计算环境提供自动化数据管理功能，Compellent目前已被戴尔以9.6亿美元收购。然而，考夫曼基金会2013年的一份报告显示，在新创业公司方面，明尼苏达州仍然有很长一段路要走（在全国仅排在第四十位），不过明尼苏达州在新专利方面的排名要好得多。

11. 现为波士顿科学公司的子公司。

12. 柯惠医疗（Covidien，2014年被美敦力公司收购，现已并入美敦力）以26亿美元收购了这家创业公司。参见柯惠医疗2010年7月12日的新闻稿。

13.《金融日报》2012年8月27日。

14. 2013年7月31日在明尼阿波利斯对诺曼·丹恩的采访。

15. Martin Moylan, "At Medtronic, Efforts by CEO Ishrak Appear to Be Paying Off," Minnesota Public Radio, MPR News, July 22, 2013（mmoylan@ mpr.org）.

16. 已于2014年退休。

17. 2013年7月30日在明尼阿波利斯对戴尔·瓦尔斯特龙的采访。

18. Andy Giegerich, "Oregon's Biotech Sector Shows New Signs of Life," *Portland Business Journal,* October 26, 2012.

19. "Battelle/Bio, State Bioscience Jobs, Investment and Innovation, 2014"，网址：www.bio.org/sites/default/files/Battelle-BIO-2014-Industry.pdf。

20. 俄勒冈健康与科学大学校园内共有三家顶级医院：俄

勒冈健康与科学大学医院（一级创伤中心和综合医院）、杜尔能贝契尔儿童医院和波特兰退伍军人医疗中心。

21. 收购仿真技术公司（Stimulation Technology）后。

22. 凯利还于1995年共同创办了Sapient Health Network（现已并入WebMD），此后不久又创办了Learning.com。

23. 除了英特尔和俄勒冈健康与科学大学的合作，玛丽·斯滕泽尔-普尔还提出了其他“合作实验室”的想法，合作伙伴包括能源部下属的太平洋西北国家实验室和电子显微镜制造商FEI。和FEI公司合作的重要意义在于，研究人员需要对癌细胞及其相互作用进行可视化。通过与西门子这样的企业合作，俄勒冈健康与科学大学率先使用了四维成像方法。本章中斯滕泽尔-普尔的评论均取自2014年10月15日在波特兰俄勒冈健康与科学大学对她的采访。

24. 本章中所有引述乔·格雷的内容均取自2014年10月16日在波特兰俄勒冈健康与科学大学的采访。

25. 在英特尔服役31年后，帕夫洛夫斯基于2014年7月转投美光科技（Micron Technology）。

26. “Portland OHSU Teams with Intel to Decode the Root Causes of Cancer and Other Complex Diseases,” OHSU press release, April 22, 2013.

27. 参见俄勒冈健康与科学大学创业公司网站：www.ohsu.edu/xd/research/techtransfer/startups/index.cfm。一般而言，大

学收取发明专利许可费的1/3，研究活动所在的院系收取另外1/3，主持研究的科学家有权获得剩余的1/3。2014年10月16日在波特兰俄勒冈健康与科学大学对安德鲁·沃森的采访。

28. 有些创业公司已经相当成功，足以迁往加利福尼亚州的生物科学智带，包括HD+、爱德华生命科学（Edwards Life Sciences）、Cepheid和Organovo。HD+研制出了一种基于纳米技术的人工肾脏，公司筹集了超过6000万美元的风险资本，随后搬到了硅谷。爱德华生命科学是一家制造、修理人工心脏瓣膜的企业，已帮助治疗了超过200万名患者。Cepheid是一家医疗诊断公司，现位于加利福尼亚州的桑尼维尔，公司以与美国邮政局合作测试炭疽病毒而闻名。公司的6000部GeneXpert系统可使用检测工具包来检测结核病和艾滋病等传染病。Organovo公司成立于2007年，是一家设计三维人体组织和肿瘤模型的企业。

29. 奈特并不是该领域第一位捐资者，更不是唯一一位。还有其他例子，如丹尼尔·路德维格通过路德维格癌症中心和盖茨基金会的艾滋病和疟疾防治项目为癌症研究提供了25亿美元。2014年9月，俄勒冈健康与科学大学的研究人员从中获得了2500万美元的拨款，用于研制艾滋病毒疫苗。微软的另一位创始人保罗·艾伦向西雅图脑科学研究所提供了1亿美元的种子资金，用于绘制大脑图谱。奈特的捐赠不仅加强了俄勒冈健康与科学大学，还在俄勒冈州产生了雪球效应。为了不被淘汰，俄勒冈大学发起了筹款活动，准备筹集20亿美元，俄勒冈州立大学也筹集到了10亿美元。考虑到美国（有可能全世界）只有35所公立大学能从慈善事业中筹集到10亿美元，这样的成绩很不错。根据《慈善纪事报》“事实与数字”专栏提供的数据，美国慈善事业捐款总额约有14％用在了卫生事业上（仅2013年就有12亿美元的巨额捐赠，这还不包括奈特发起的挑战）。尽管在用于新药、生物技术和医疗设备的700亿美元研发开支中，联邦政府仍然承担了2/3，但大学还是担心联邦资金缺口造成的资金短缺，尤其是适逢制药公司和风险资本在开发新药所需的大量资金方面犹豫不决时。根据国家科学基金会的科学与工程指标，卫生事业是非国防支出的最大受益者（2011财年国防开支为830亿美元，非国防开支为610亿美元，卫生事业支出为320亿美元）。

30.2014年10月15日在俄勒冈州波特兰的办公室中对埃里克·罗森菲尔德的采访。

31.2014年6月11日在苏黎世对马里奥·詹尼（Mario Jenni）的采访；本章中所有引述詹尼的内容均源自本次采访。

32.参见www.cvent.com/rfp/zurich-hotels/technopark-zuerich-foundation/venue-2da8053746c74fdebf46a5c8167fdda7.aspx。

33.2009年6月7日瑞士《星期天》（*Sonntag*）对莱奥·克鲁梅纳赫的采访。

34. 在 2009 年 6 月 7 日《星期天》杂志的采访中，莱奥·克鲁梅纳赫讲述了综合体的发展历程。

35. 参见 www.molecularpartners.com。

36. 参见 www.roche.com。

37. 参见 www.esbatech.com。

38. 参见 www.bsse.ethz.ch。

39. 参见 See biosaxony.com。

40. 参见 bio-city-leipzig.de/welcome。

41. 参　见 www.biotech-leipzig.de/en/unternehmen/383-technologiegrunderfonds-sachsen-seed-gmbh-und-co-kg。

42. 参见 www.iccas.de/uber-iccas/?lang=en。

43. 参见 See www.iccas.de/forschung/?lang=en。

44. 参见 de.wikipedia.org/wiki/Kai_Simons。

45. 参　见 www.nature.com/nature/journal/v413/n6853/full/nj6853–04a0.html。

46. 参见 www.mpi-cbg.de。

47. 参见 www.tzdresden.de/bioz-location.html。

48. 参见 www.oncoray.de。

49. 参见 www.crt-dresden.de/about.html。

50. 参见 www.ipfdd.de/mbc。

51. 参见 www.bionection.de/programme/format。

52. 参见 www.biotype.de。

53. 参 见 www.qualitype.de 或 www.rotop-pharmaka.de/en/our-products。

54. 公司行事大胆，饱受争议，以至于时任首席执行官在成功尚未到来前就选择了自杀。

55. 2013 年 9 月 6 日在芬兰奥卢大学对哈里·波斯蒂的采访。

56. 参见 www.bme.oulu.fi。

57. 另见 Ryuji Kohno, University of Oulu Research Institute, "R&D, Standard, and Regulation of Medical Body Area Network (BAN)," 2013 European Connected Health Alliance Leadership Summit, Oulu, June 12, 2013。引用取自 2013 年 9 月 6 日对图拉·帕尔门的采访。

58. "Invest in Finland," *Health Care and Wellbeing News,* April 25, 2013.

59. 整理自 2013 年 9 月 5—6 日在奥卢对塞波·科普萨拉的采访以及后续的电子邮件往来。

60. 医疗设备制造商的收入超过 10 亿美元。"The Medical Device Industry in the United States," *Select USA*， 网 址：selectusa.commerce.gov/industry-snapshots/medical-device-industry-united-states。大多数医疗技术公司位于加利福尼亚州、佛罗里达州、纽约州、宾夕法尼亚州、密歇根州、马萨诸塞州、伊利诺伊州、明尼苏达州、佐治亚州、华盛顿州、威斯

康星州和得克萨斯州。另见Yair Holtzman, “The U.S. Medical Device Industry in 2012: Challenges at Home and Abroad,” MDDI（Medical Device and Diagnostic Industry）, July 17, 2012。

61. 同上。

62. 欧洲医疗技术统计数据由欧洲医疗技术工业协会提供（www.eucomed.be/about-us）。参见www.eucomed.org/uploads/Modules/Publications/the_emti_in_fig_broch_12_pages_v09_pbp.pdf。

第五章

1. Pilita Clark, “Global Carbon Emissions Stall in 2014,” *Financial Times*, March 12, 2015.

2. 页岩气大量分布于美国、墨西哥、阿根廷、俄罗斯、中国及许多其他国家，大大改变了能源格局，因为无论是页岩气还是页岩油，都非常丰富，并非稀缺资源，油价因而急剧下降，与以前的预期截然不同。美国的环保团体及其他页岩气的反对者列举了利用页岩气引发的问题，诸如使用重水、地下水污染、甲烷排放、由水力钻探引起的轻微地震，以及由于缺乏相应管道而必须使用火车运输页岩油带来的危险。在欧洲，反对派的政治阻力要比美国大得多。然而，反对声对页岩气开采的影响并不大。页岩油的增加使得美国对外国石油和天然气的依赖程度大大降低，电力公司已经能够摆脱煤炭，煤炭是一种污染更严重的碳基燃料。尽管如此，许多人认为页岩气是一种“桥梁”能源，只有在太阳能等替代能源变得更廉价并能实际推广时，生产页岩气才是合理的。

3. “Tesla’s New Product Is a Battery for Your Home,” *CNN Money*, May 1, 2015.

4. 2013 年 8 月 22 日对普雷斯科特·罗根和公司管理层的采访。

5. Curt Woodward, “After Five Years and $50 Million, 24M Unveils New Design for Lithium-Ion Batteries,” *Boston Globe* (BetaBoston), July 22, 2015.

6. MIT News、Fortune.com、Navigant Research、24M、Quartz.com。引用文卡特·维斯瓦纳坦的部分请参见David Chandler, “New Manufacturing Approach Slices Lithium-Ion Battery Costs in Half,” *MIT News*, June 23, 2015；另见Katie Fehrenbacher, “This Start-up Is Looking to Revolutionize Lithium-Ion Batteries,” *Fortune magazine*, June 22, 2015。

7. 参见www.shell.com/global/future-energy/inside-energy/inside-energy-stories/could-sun-charged-batteries-power-our-homes。

8. 参见www.edison-net.dk。

9. 2015 年 10 月 14 日，特斯拉公司为特斯拉车主提供了一个软件更新，这是朝无人驾驶汽车梦想迈出的重要一步。只需双击一下，就能启动高级巡航控制，对于司机来说，这是一种绝妙的体验。在高速公路上，坐在汽车里，不用碰方向盘，只需惬意地看着汽车如何保持车道，顺畅地变道绕过其他车辆，根据交通状况减速和加速，前面的车刹车时跟着逐步刹车，在紧急情况下迅速反应，甚至能自动找停车位。在其他类型的道路上或路况较差时，驾驶员仍然必须亲自驾驶。毫无疑问，其他汽车制造商也将很快跟进这一趋势。

10. 参见 www.darpa.mil。

11. 2014 年 5 月 27 日《纽约时报》对克里斯托弗·厄姆森的采访。

12. 参见 www.bloomberg.com。

13. 关于苹果汽车，请参见 www.MacRumors.com 和 Wakabayashi, "Apple Targets Electric-Car Shipping Date for 2019," *Wall Street Journal*, September 21, 2015。

14. 参见 www.micreos.com 和 Gina Kolata, "In Good Health? Thank You 100 Trillion Bacteria," *New York Times*（International）, June 13, 2012；另见 "Rising to Meet the Infectious Disease Challenge," *Pharmafocus*（July–August 2015），文中引用欧洲临床微生物学和传染病学会（ESCMID）主席穆拉特·阿科瓦（Murat Akova）的话说："欧洲和全世界抗菌素耐药性的迅速增长正在威胁现代医疗保健事业。"

15. 参见 www.themato.nl/gesloten-kas。

16. 参　见 www.kubo.nl/en/productconcepten/artikel/ultra-clima-greenhouse-en。

17. Tim Linden, "Houweling's Continues to Pioneer Sustainability Efforts," *Produce News*, August 11, 2015.

18. 参　见 www.newscenter.philips.com/main/standard/news/press/2014/2014 0509-philips-and-green-sense-farms-usher-in-new-era-of-indoor-farming.wpd#.VClnuvl_tS0。

19. 参　见 www.usa.philips.com/a-w/government/articles-and-solutions/lighting/increasing-food-security-and-reducing-carbon-emissions.html。

20. 参见 www.delaval.com 和 www.lely.com。

21. 2001 年，埃莫 · 迈耶成为荷兰保健食品和材料企业帝斯曼公司的首位首席技术官。2005 年，迈耶转投食品和个人护理用品企业联合利华。2011 年他又加入菲仕兰坎皮纳公司并于 2014 年年中退休。

22. 2012 年 8 月在阿默斯福特对埃莫 · 迈耶的采访；本章中所有引述迈耶的内容均源自本次采访。

23. 参见 strp.nl/nl。

24. 参见 www.tekes.fi/en/（芬兰资助的创新机构）。

25. 参见 www.pt-it.pt-dlr.de/de/3069.php。

第六章

1. “Economists Are Asked by Brussels to Hammer Together a New ‘Innovation’ Model,” *Het Financieele Dagblad*, August 9, 2015.

2. Robert Solow, “We’d Better Watch Out,” *New York Times Book Review*, July 12, 1987.

3. 2013 年 6 月 26 日对约翰 · 霍普金斯大学研究生亚历山德拉 · 科维特（Alexandra Kwit）进行采访时，科维特引用了此言。她在国立卫生研究院和约翰 · 霍普金斯大学的联合项目中，与高通量筛选机器人一起工作。美国国立卫生研究院（NIH）国家转化科学促进中心（NCATS）网站：Ncats.nih.gov。弗朗西斯 · 柯林斯为我们展示了NCATS配有多臂机器人的高通量筛选设施，这种机器人可以用一周时间完成潜在药物的测试，科研人员人工来做这项工作将需要 12 年。

4. 2015 年 2 月 19 日，两人在华盛顿国家新闻俱乐部召开的汉密尔顿计划和布鲁金斯学会“机器时代的未来就业”主题会议上的发言。

5. Stavey Vanek Smith, “When It Comes to Buying Decisions, Why Feelings Come First,” *Planet Money*, National Public Radio, April 17, 2015.

6. Jake Rocheleau, “The 20 Top Coworking Spaces in the United States,” *Hongkiat*， 网 址：www.hongkiat.com/blog/top-

coworking-spaces-usa。

7. Bruce Katz and Julie Wagner, "The Rise of Innovation Districts," Brookings Institution, June 2014.

8. 摘自2014年10月7日安东尼·卡内瓦莱在华盛顿新未来组织（New Futures）发表的讲话，内容基于他在乔治敦大学的研究:《2020年前就业的增长和教育的要求》(2014年2月)。

9. Deloitte and the Manufacturing Institute, "The Skills Gap in US Manufacturing," October 17, 2011；引自"Future of the Manufacturing Workforce Report," *Manpower*。

10. William C. Symonds, Robert Schwartz, and Ronald F. Ferguson, "Pathways to Prosperity: Meeting the Challenge of Preparing Young Americans for the Twenty-First Century," Pathways to Prosperity Project, Harvard University Graduate School of Education, 2011.

11. 2014年5月22日在华盛顿举行的布鲁金斯学会"技能和工业：新美国模式"主题会议。

12. 2014年8月21日的TEC-SMART参观活动及当日对彭妮·希尔的采访。

13. 本章中引述戴维·拉金的内容均源自2014年8月25日的电话采访。

14. 2014年5月22日布鲁金斯学会"技能和工业"主题会议及后续讨论。

15.2013 年 9 月 9 日在乌尔姆的工厂对茨维克勒尔公司首席执行官扬·斯特凡·勒尔博士的采访。

16.2013 年 9 月 9 日在斯图加特对恩格尔贝特·韦斯特坎博尔的采访。

17.2013 年国民教育统计数据。

18.2013 年 9 月 24 日对马丁·弗拉德里希的电话采访。

19.谷歌的故事来自 David Hart, "On the Origins of Google," August 17, 2004, National Science Foundation, Where Discoveries Begin，网址：www.nsf.gov/discoveries/disc_summ。

20.引自 Robert D. Atkinson and Stephen J. Ezell, Innovation Economics: The Race for Global Advantage (New Haven: Yale University Press, 2012)。另见安永《2014 年风险投资洞察和趋势报告》。

21.国家科学基金会网站：www.nsf.gov/statistics/nsb0803。

22.《美国国家科学基金会科学与工程指标 2014 (2011 年)》表 4–14 和表 4–6。基于《美国国家科学基金会科学与工程指标 2014》中 2011 年的购买力平价 (PPP) 数据。美国和韩国的基础研究占研发总投入的 17%~18%，只有法国超过这一数字 (25%)，日本为 12%，中国更少，仅为 5%。

23.参见 www.systemsX.ch。

24.《美国国家科学基金会科学与工程指标 2014 (2011 年)》。2011 年应用研究资金的最大来源是企业 (53%)，其次是联邦政府（37%）、非营利组织（5%）、学术界（4%）和非政府组织（1%）。

25. 同上。

26. 巴特尔纪念研究所《2014年全球研发经费预测》。2014年研发支出总额为4650亿美元（估计），远远超过欧盟的3100亿美元（德、法、英三国共1880亿美元）、中国的2840亿美元、日本的1650亿美元和韩国的630亿美元。中国渴望发展知识经济，而不仅仅是作为一个制造业基地。中国希望到2020年能实现这一目标，并计划到2022年研发支出达到6000亿美元，与美国持平。中国在研发支出上已经超过了日本，其专利申请和科学出版物的增长速度比美国和欧洲都要快。然而，正如中国经济的两位数增长已经放缓一样，研发投资的增长已由2007年的24%减少了约一半。

27. 根据安永（Ernst & Young Global）的《2014年风险投资洞察和趋势报告》，2013年，风险资本在美国筹集到了330亿美元，欧洲为74亿美元，中国为35亿美元。风险资本平均为每家美国公司提供400万美元，欧洲为200万美元，中国为700万美元。同年，美国有74个风险投资支持的IPO（首次公开募股），欧洲15个，中国15个，分别筹资82亿美元，6亿美元和20亿美元。

28. 2013年9月10日在斯图加特的办公室中对亚历克·劳申布施的采访。

29. 安永《2014 年风险投资洞察和趋势报告》。

30. Jeffrey Bussgang, *Mastering the VC Game* (Portfolio, 2010).

31. 同上。

32. 风险投资公司也曾在明尼阿波利斯和北卡罗来纳州三角研究园这样的地方繁荣一时，但在网络泡沫破灭之后，它们已经鸣金收兵，现在主要在西海岸和东海岸开展业务。

33. 根据美国风险投资协会提供的数据，风险投资公司（包括企业风险投资部门）在 1995—2014 年为 78 000 家公司投资了 6.15 亿美元。

34. 参见 Matt Egan, "In-Q-Tel: A Glimpse Inside the CIA's Venture-Capital Arm," *FoxBusiness*, June 14, 2013。

35. 名字"Q"取自军情六处的特工Q，在《007》系列电影中，所有高科技道具均出自特工Q之手。

36. Brian Dunbar, "NASA Forms Partnership with Red Planet Capital, Inc.," NASA, September 20, 2006，网址：www.nasa.gov/home/hqnews/2006/sep。

37. 本章中所有引述基普·弗雷的内容均取自 2014 年 4 月 22 日在达勒姆对他的采访。弗雷已于 2014 年退休。20 世纪 90 年代，弗雷曾运营过三家创业公司——Ventana Communications Group、Accipiter和OpenSite Communications，三家公司均已被收购，收购价格都是投资额的数倍。弗雷还是杜克大学桑福德公共政策学院的兼职教授。参见维基百科“Kip Allen Frey”，网址：en.wikipedia.org/wiki/Kip_Allen_Frey。

38. 美敦力 2013 年年报。

39. 2013 年 7 月 31 日，在明尼阿波利斯万豪酒店共进午餐期间对诺曼·丹恩的采访，以及 2014 年 9 月 2 日的后续电话采访。

40. 例如贝宝（PayPal）、脸谱网的早期投资者戴夫·麦克卢尔（Dave McClure）和网景公司（Netscape）的创始人马克·安德森（Marc Andreessen）。

41. 通常，风险投资公司会坚持 7 年内明确退出战略。风投公司对投资者的责任意味着它们往往要避免早期投资，因为早期投资风险大，回报有限并且耗费时间。

42. 维基百科“Angel investor”（天使投资人）词条，网址：en.wikipedia.org/wiki/Angel_investor。

43. “Statistics Compendium,” European Trade Association for Business Angels, Seed Funds, and other Early Stage Market Players, 2014.

44. 安永《2014 年风险投资洞察和趋势报告》。

45. “Ten Crowdfunding Success Stories to Love,” *Entrepreneur*, March 18, 2014.

46. “Economic Impact and Technological Progress of NASA

Research and Development Expenditures: Volume 1: Executive Report," *Midwest Research Institute*, 1988.

47. The Tauri Group, "NASA Socio-Economic Impacts," 2013，网址：www.nasa.gov/sites/default/files/files/SEINSI.pdf。

结语

1. 统计数据来自美国农业部国家粮食和农业研究所。

2. Marc Levinson, "Job Creation in the Manufacturing Revival," Congressional Research Service report, June 19, 2013.

3. Erik Brynjolfsson and Andrew McAfee, *Race Against the Machine: How the Digital Revolution Is Accelerating Innovation, Driving Productivity, and Irreversibly Transforming Employment and the Economy* (Lexington, MA: Digital Frontier Press, 2011).

4. Levinson, "Job Creation in the Manufacturing Revival."

5. 机器人分析师达恩·卡拉（Dan Kara）称，在制造业中只有 80 万体力劳动岗位是低工资负担的简单、非技术工作。参见Dan Kara, "Rethink Robotics: Unpacked," *Robotics Business Review*, October 1, 2012。

6. Levinson, "Job Creation in the Manufacturing Revival."

7. 然而，它将对新兴经济体中的数百万个基本制造业岗位构成威胁。

8. 传统基金会和劳工统计局。引自 James Sherk, "Not

Looking for Work: Why Labor Force Participation Has Fallen During the Recovery," September 4, 2014，网址：www.heritage.org/research/reports/2014/09/not-looking-for-work-why-labor-force-participation-has-fallen-during-the-recovery。劳动力参与率已从 2007 年的 66% 下降到略低于 63%。

9. Enrico Moretti, *The New Geography of Jobs* (New York: Mariner Books, 2012) .

10. 弗拉基米尔 · 伊里奇 · 列宁 (Vladimir Ilyich Lenin), 1918 年 8 月 11 日。

11. "DNA-Editing Leap Brings Call for Ban," *New York Times* (International) , March 21–22, 2015.

致 谢

THE SMARTEST PLACES ON EARTH

我们俩（安东尼和弗雷德）均以金融为业，既是从业者，又是观察者。安东尼是一位银行家、投资经理，他目睹了第三世界如何以超出所有人预期的速度发展为新兴市场，也见证了它们的企业如何鼓足干劲跻身全球市场，成为其中有力的竞争者。弗雷德是一名记者，曾追踪欧洲货币发展十余年。他意识到，经济和金融领域的争论实际上是一场政治斗争，中心议题是应以什么样的原则组织起一个统一的欧洲。

过去的 30 年间，我们看到，一种全新的全球金融秩序已经形成，随后，在 2008 年开始的金融危机中，这一新秩序面临着土崩瓦解的危险。传统产业的衰落是不争的事实，美国的情况尤为突出，尽管如此，我们并不认为发达国家的制造业已为陈迹，相反，我们看到，一种截然不同的新趋势已经释放出了早期信号。廉价劳动力正日渐式微，与此同时，竞争王牌已变为由智能创新带来的附加值。

非众人相助，本书无以成形。他们鼓励我们写作，帮助我们理清思路，为我们指明新的方向，激发我们的想法。我们对最终的结果全权负责。

书中我们谈到了“联络者”的重要性。事实上，在成书过程中，我们也有两位重要的联络者。第一位是扬·弗雷德·范韦嫩（Jan Fred van Wijnen），他是最初为我们牵线的编辑。另一位是约翰·布特曼（John Butman），在我们全无灵感的关键时刻，他加入了我们，以精湛的编辑技巧将本书的创作引回正轨。此外，在我们几经商讨、否定了多个书名之后，他为我们提出了最终的书名。我们对他表示万分感谢。公共事务出版社（Public Affairs）的彼得·奥斯诺斯（Peter Osnos）在我们身边鼓励着我们写作本书。我们还要感谢我们的编辑约翰·马哈尼（John Mahaney），是他确保了我们始终着眼于全局，并在弗雷德因一场大病停工数月期间灵活变通，不断鼓励我们。谢娜·雷德蒙（Shena Redmond）是我们的项目编辑，她确保了在最后阶段各方面毫无纰漏。我们很幸运，能由一丝不苟、业务娴熟的米歇尔·温（Michele Wynn）经手本书的文字编辑工作。

安东尼的研究助理丹尼尔·霍夫曼（Daniel Huffman）在准备采访背景资料的过程中为我们提供了极大的帮助。他还修改润色了部分弗雷德写作后用谷歌翻译为英文的内容，使之通顺易读，早期的编辑工作也大抵由他经手。在成书的最后阶段，弗雷德的助理凯瑟琳·亨特（Cathryn Hunt）协助我们完成了选择、获取书中照片的艰巨任务。加滕·罗特科普夫咨询公司（Garten Rothkopf）的其他同事——林雨欣（音）、乔纳森·戈尔德施泰因（Jonathan Goldstein）——同样提供了有益的研究工作。在早期阶段，詹姆斯·格斯滕藏（James Gerstenzang）帮助我们删繁就简，明确了叙述的主线。

许多朋友和同事就各种初稿提供了有益的意见，包括达维德·罗特科普夫（David Rothkopf）、克莱尔·凯西（Claire Casey）、斯特罗布·塔尔博特（Strobe Talbott）、布鲁斯·卡茨（Bruce Katz）、马克·穆罗（Mark Muro）、约翰·豪格（John Hauge）、丽塔·伦（Rita Lun）、史蒂文·西尔弗（Steven Silver）、卡尔·佩克（Carl Peck）、鲍勃·凯泽（Bob Kaiser）、汉密尔顿·洛布（Hamilton Loeb）、提耶斯·皮尔布姆（Thees Peereboom）、林·范伦特（Rien van Lent）。许多书中的采访对象都非常热心，帮助我们检查（修正）我们所写、所学、所见的内容，确保准确性。彼得·范·阿格塔米尔（Peter van Agtmael）为安东尼拍摄了封底的作者照片，还勇敢地踏进了奥尔巴尼的无尘室。

安东尼还要由衷地感谢他在世界银行集团、新兴市场管理公司、战略投资集团的同事，他从他们身上学到了很多东西，以及在布鲁金斯学会、全国公共广播电台、彼得森国际经济研究所参与的讨论。与此相似，弗雷德也要感激《金融日报》和欧洲财经界的同僚。

我们遍访欧美，查阅文献资料，花费了大量的时间坐在电脑前写作，专注到了痴迷的地步，这些事没有一样能讨得家里人的欢心。安东尼和弗雷德分别要感谢埃米莉（Emily）和弗朗西丝（Frances），感谢她们再次容忍了这一切。你们值得拥有更好的。